I0023827

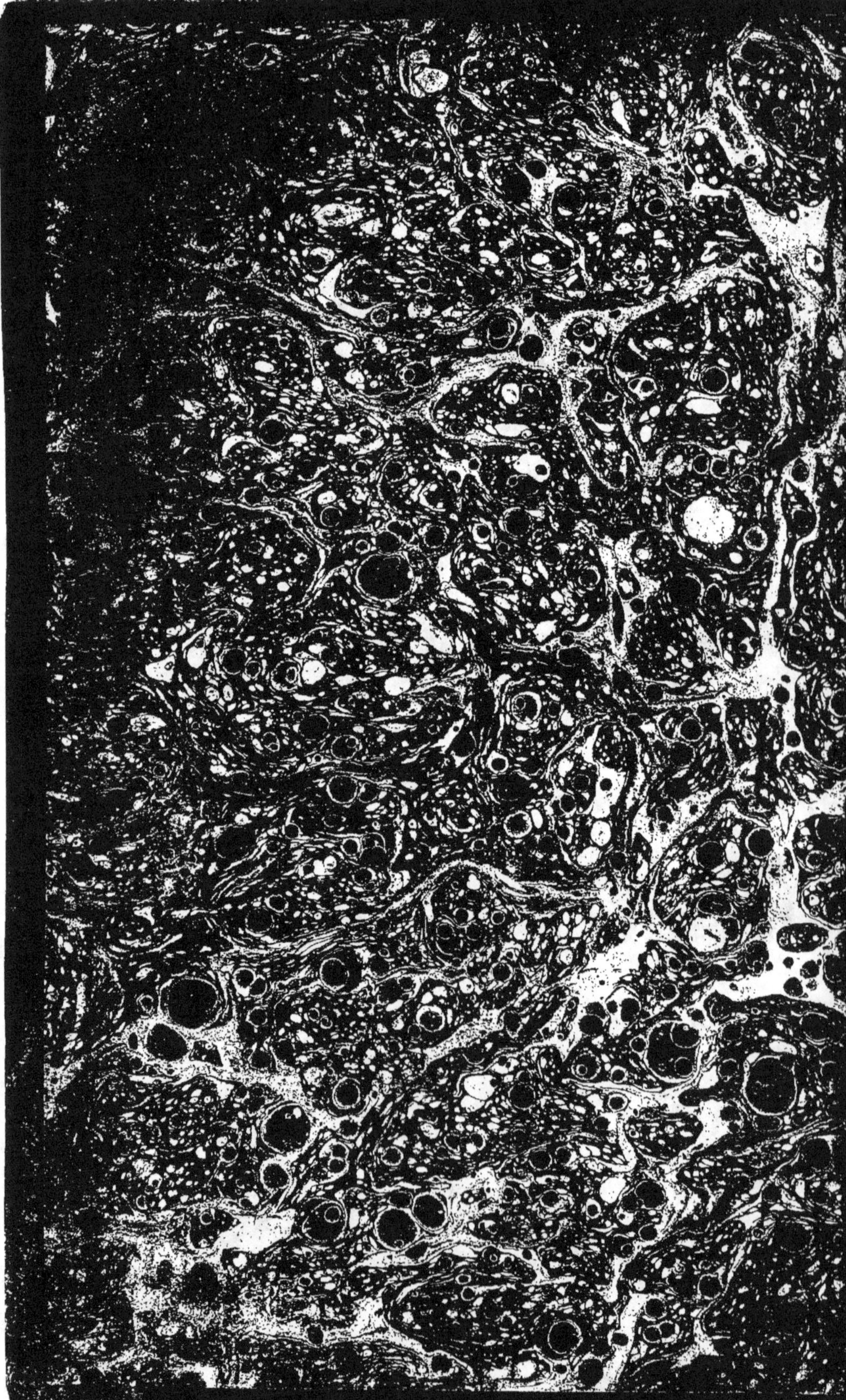

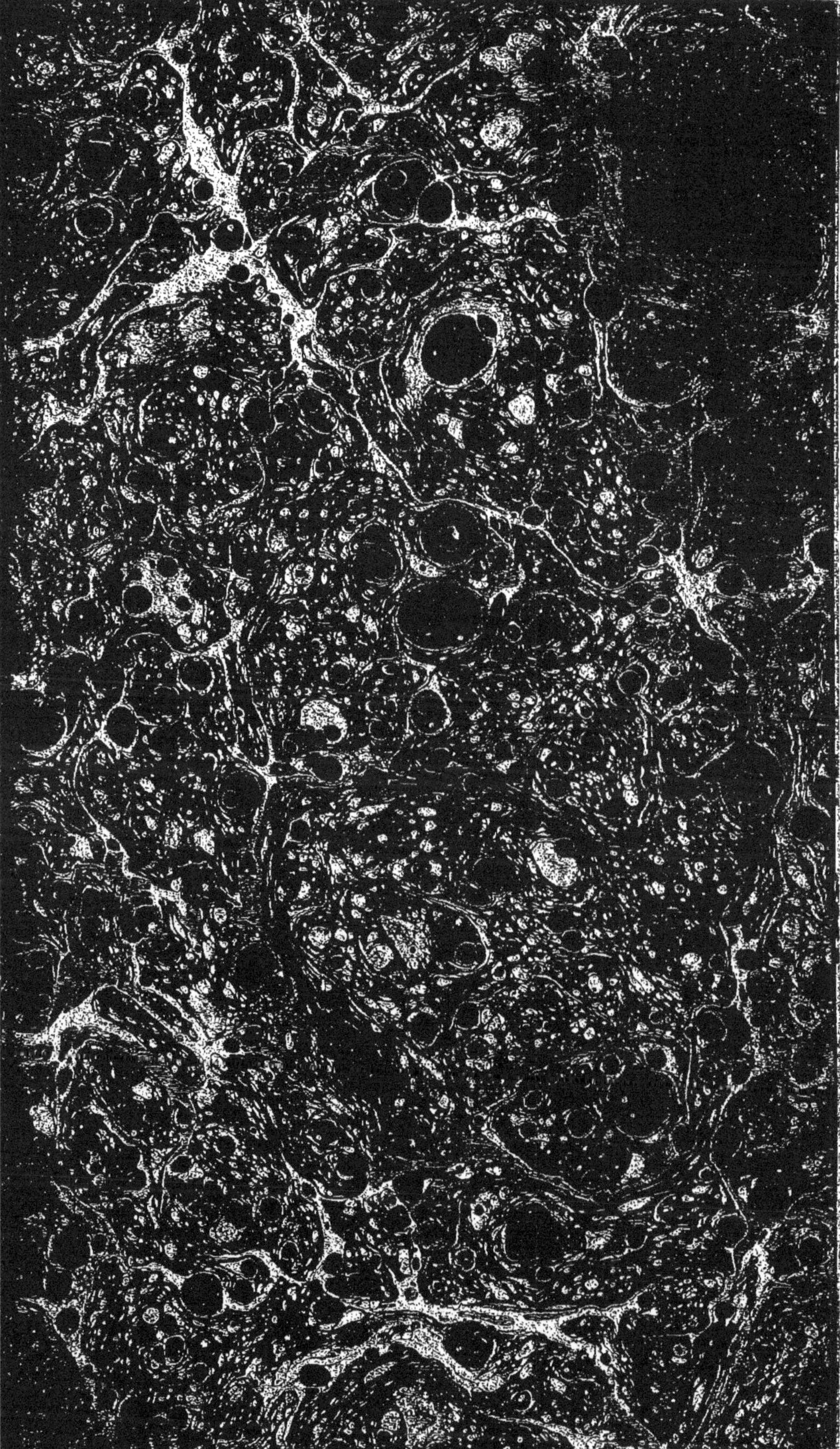

PRINCIPES
DE POLITIQUE.

PRINCIPES
DE POLITIQUE,

APPLICABLES

A TOUS LES GOUVERNEMENS REPRÉSENTATIFS

ET PARTICULIÈREMENT A LA

CONSTITUTION ACTUELLE

DE LA FRANCE;

PAR M. BENJAMIN CONSTANT,

CONSEILLER D'ÉTAT.

PARIS,
Chez ALEXIS EYMERY, Libraire, rue Mazarine, n°. 30.

De l'Imprimerie de HOCQUET, rue du Faubourg Montmartre, n°. 4.

MAI 1815.

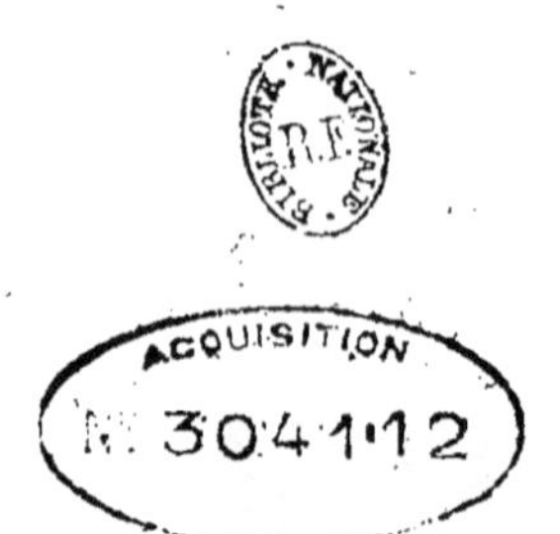
ACQUISITION
N° 304112

AVANT-PROPOS.

Il paraît généralement reconnu que la Constitution actuelle, même après son acceptation par le peuple Français, pourra être améliorée dans plusieurs de ses dispositions. Je crois qu'en étudiant bien cette Constitution, l'on verra qu'il y a peu de ses articles qui ne soient conformes aux principes préservateurs des associations humaines et favorables à la liberté. Mais il n'en est pas moins utile et raisonnable de laisser aux pouvoirs constitués la faculté de perfectionner l'acte qui détermine leurs attributions et qui fixe leurs rapports réciproques.

Il y a long-tems que j'ai dit qu'une Constitution étant la garantie de la liberté d'un peuple, tout ce qui tenait à la liberté était constitutionnel, mais que rien n'était constitutionnel de ce qui n'y tenait pas : qu'étendre une constitution à tout, c'était faire de tout des dangers pour elle, et créer des écueils pour l'en entourer : qu'il y avait de grandes bases, auxquelles toutes les autorités nationales ne pouvaient toucher; mais que la réunion de ces autorités pouvait faire tout ce qui n'était pas contraire à ces bases (*).

---

(1) Réactions politiques. Paris, 1797, pag. 95.—96. J'ai professé la même opinion dix-sept ans plus tard. « Le » bonheur des sociétés et la sécurité des individus re» posent sûr certains principes positifs et immuables. » Ces principes sont vrais dans tous les climats, sous » toutes les latitudes. Ils ne peuvent jamais varier, » quelle que soit l'étendue d'un pays, ses mœurs, sa » croyance, ses usages. Il est incontestable dans un » hameau de cent-vingt cabanes, comme dans une » nation de trente millions d'hommes, que nul ne doit » être arrêté arbitrairement, puni sans avoir été jugé, » jugé qu'en vertu de lois antérieures et suivant des » formes prescrites, empêché enfin d'exercer ses fa» cultés physiques, morales, intellectuelles et indus» trielles, d'une manière innocente et paisible. Ces » droits fondamentaux des individus ne doivent pas » pouvoir être violés par toutes les autorités réunies : » mais la réunion de ces autorités doit être compétente » pour prononcer sur tout ce qui n'est pas contraire à

Je pense donc qu'il n'est point superflu d'examiner l'ensemble et les détails de notre Constitution, puisque revêtue

---

» ces droits inviolables et imprescriptibles. Ainsi en » Angleterre, le concours du roi et des deux chambres » peut faire aux ressorts du gouvernement et de l'administration tous les changemens qui leur semblent nécessaires..... L'axiôme des barons anglais, nous ne voulons pas changer les lois d'Angleterre, est beaucoup » plus raisonnable que s'ils eussent dit, nous ne pouvons pas les changer. Le refus de changer les lois » parce qu'on ne le veut pas, s'explique par leur bonté » intrinsèque, ou par l'inconvénient d'un changement » immédiat. Mais un tel refus, motivé sur je ne sais » quelle impossibilité mystérieuse devient inintelligible.

« Les constitutions se font rarement par la volonté » des hommes. Le temps les fait. Elles s'introduisent » graduellement et d'une manière insensible. Cependant il y a des circonstances qui rendent indispensables » de faire une constitution. Mais alors ne faites que ce » qui est indispensable : laissez de l'espace au temps » et à l'expérience, pour que ces deux puissances réformatrices dirigent vos pouvoirs déjà constitués, dans » l'amélioration de ce qui est fait, et dans l'achèvement de ce qui reste à faire. » Réflexions sur les Constitutions et les Garanties. Paris, 1814, pag. 159 — 166.

du suffrage national, elle pourra être encore perfectionnée.

L'on retrouvera souvent, dans les recherches que je publie, non-seulement les mêmes idées, mais les mêmes paroles que dans mes précédens écrits. Il y a bientôt vingt ans que je m'occupe de considérations politiques, et j'ai toujours professé les mêmes opinions, énoncé les mêmes vœux. Ce que je demandais alors, c'était la liberté individuelle, la liberté de la presse, l'absence de l'arbitraire, le respect pour les droits de tous. C'est là ce que je réclame aujourd'hui avec non moins de zèle et plus d'espérance.

Sans doute, quand on n'examine que superficiellement la situation de la France, l'on est tenté de croire aux dangers qui la menacent. Des armées nombreuses se réunissent contre nous. Les peuples, comme leurs chefs, semblent aveuglés par leurs souvenirs. Le reste du mouvement national qui les animait il y a deux ans, donne aux efforts qu'on leur commande, une apparence encore nationale. Mais observés de près, ces effrayans symptômes perdent beaucoup de leur gravité. Ce n'est plus aujourd'hui leur propre patrie que ces peuples défendent : ils attaquent une nation renfermée dans ses limites et qui ne veut pas les franchir, une nation qui ne réclame que son indépendance intérieure, et le droit de se donner un Gouvernement, comme l'Allemagne l'a réclamé en choisissant Rodolphe de Hapsbourg, l'Angleterre en appelant la maison de Brunswick, le Portugal en donnant la couronne au duc de Bragance, la Suède en élisant Gustave Vasa; en un mot, comme chaque peuplade européenne l'a exercé à une époque quelconque, et d'ordinaire la plus glorieuse de son histoire.

Il y a dans les esprits une raison naturelle qui finit toujours par reconnaître l'évidence, et les peuples se fatigueront bientôt de verser leur sang pour une cause qui n'est pas la leur. Quant à nous, deux sentimens sont communs à l'immense majorité des Français, le désir de la liberté et la haine de la domination étrangère. Nous savons tous que la liberté ne peut nous venir de l'étranger. Nous savons tous qu'un Gouvernement qui reparaîtrait sous ses bannières, serait en opposition avec nos intérêts comme avec nos droits.

A cette conviction qui a pénétré dans toutes les âmes, viennent se joindre tous les souvenirs qui peuvent soulever la fierté nationale, notre gloire éclipsée, nos provinces envahies, des barbares gardant les barrières de Paris, et cette insolence mal déguisée des vainqueurs qui révoltait chaque Français, quand il voyait flotter sur nos tours les couleurs étrangères, et que, pour traverser nos rues, pour entrer à nos spectacles, pour regagner nos maisons, il fallait implorer l'indulgence d'un Russe, ou la modération d'un Prussien. Aujourd'hui cette indulgence même et cette modération seraient abjurées. On ne parle plus de constitution, ni de liberté. C'est la nation qu'on accuse : ce sont les *attentats de l'armée* que l'on veut punir.

Certes, nos ennemis ont la mémoire courte. Le langage qu'ils renouvellent ébranla leurs trônes il y a vingt-trois ans. Alors, comme à présent, ils nous attaquaient, parce que nous voulions avoir un Gouvernement à nous, parce que nous avions renversé des institutions surannées, parce que nous avions affranchi le paysan de la dîme, le protestant de l'intolérance, la pensée de la censure, le citoyen de la détention et de l'exil arbitraire, le plébéïen des outrages des privilégiés. Mais il y a cette différence entre les deux époques, que nos ennemis ne faisaient jadis la guerre qu'à nos principes, et qu'ils la font aujourd'hui à nos intérêts, que le tems, l'habitude et des transactions sans nombre ont identifiés avec nos principes. Ce qui en nous alors était pressentiment, est maintenant expérience. Nous avons essayé de la contre-révolution. Nous avons tenté de la concilier avec les garanties que nous demandions. Nous nous sommes obstinés, et moi plus long-tems qu'un autre, à croire à la bonne foi, parce que sa nécessité était évidente. Le dernier jour a prouvé que la haîne de la liberté était plus forte que l'amour de la conservation même. Nous n'insultons point au malheur : nous respectons l'âge et l'infortune. Mais l'expérience a été faite, les principes sont opposés, les intérêts sont contraires, les liens sont rompus.

CHAPITRE PREMIER.

De la Souveraineté du Peuple.

NOTRE constitution actuelle reconnaît formellement le principe de la souveraineté du peuple, c'est-à-dire la suprématie de la volonté générale sur toute volonté particulière. Ce principe, en effet, ne peut être contesté. L'on a cherché de nos jours à l'obscurcir, et les maux que l'on a causés, et les crimes que l'on a commis, sous le prétexte de faire exécuter la volonté générale, prêtent une force apparente aux raisonnemens de ceux qui voudraient assigner une autre source à l'autorité des gouvernemens. Néanmoins tous ces raisonnemens ne peuvent tenir contre la simple définition des mots qu'on emploie. La loi doit être l'expression ou de la volonté de tous, ou de celle de quelques-uns. Or quelle serait l'origine du privilège exclusif que vous concéderiez à ce petit nombre? Si c'est la force, la force appartient à qui s'en empare: elle ne constitue pas un droit, et si vous la reconnaissez comme légitime, elle l'est également, quelles que mains qui s'en saisissent, et chacun voudra la conquérir à son tour. Si vous supposez le pouvoir du petit nombre sanctionné par l'assentiment de tous, ce pouvoir devient alors la volonté générale.

Ce principe s'applique à toutes les institutions. La théocratie, la royauté, l'aristocratie, lorsqu'elles dominent les esprits, sont la volonté générale. Lorsqu'elles ne les dominent pas, elles ne sont autre chose que la force. En un mot, il n'existe au monde que deux pouvoirs, l'un illégitime, c'est la force; l'autre légitime, c'est la volonté générale. Mais en même tems que l'on reconnaît les droits de cette volonté, c'est-à-dire la souveraineté du peuple, il est nécessaire, il est urgent d'en bien concevoir la nature et d'en bien déterminer l'étendue. Sans une définition exacte et précise, le triomphe de la théorie pourrait devenir une calamité dans l'application. La reconnaissance abstraite de la souveraineté du peuple n'augmente en rien la somme de liberté des individus; et si l'on attribue à cette souveraineté une latitude qu'elle ne doit pas avoir, la liberté peut être perdue malgré ce principe, ou même par ce principe.

La précaution que nous recommandons et que nous allons prendre est d'autant plus indispensable, que les hommes de parti, quelque pures que leurs intentions puissent être, répugnent toujours à limiter la souveraineté. Ils se regardent comme ses héritiers présomptifs, et ménagent, même dans les mains de leurs ennemis, leur propriété future. Ils se défient de telle ou telle espèce de gouvernement, de telle ou telle classe de gouvernans : mais permettez-leur d'organiser à leur manière l'autorité, souffrez qu'ils la confient à des mandataires de leur choix, ils croiront ne pouvoir assez l'étendre.

Lorsqu'on établit que la souveraineté du peuple est illimitée, on crée et l'on jette au hasard dans la société humaine un degré de pouvoir trop grand par lui-même, et qui est un mal, en quelques mains qu'on le place. Confiez-le à un seul, à plusieurs, à tous, vous le trouverez également un mal. Vous vous en prendrez aux dépositaires de ce pouvoir, et suivant les circonstances, vous accuserez tour-à-tour la monarchie, l'aristocratie, la démocratie, les gouvernemens mixtes, le système représentatif. Vous aurez tort; c'est le degré de force, et non les dépositaires de cette force qu'il faut accuser. C'est contre l'arme et non contre le bras qu'il faut sévir. Il y a des masses trop pesantes pour la main des hommes.

L'erreur de ceux qui, de bonne foi dans leur amour de la liberté, ont accordé à la souveraineté du peuple un pouvoir sans bornes, vient de la manière dont se sont formées leurs idées en politique. Ils ont vu dans l'histoire un petit nombre d'hommes, ou même un seul, en possession d'un pouvoir immense, qui faisait beaucoup de mal; mais leur courroux s'est dirigé contre les possesseurs du pouvoir et non contre le pouvoir même. Au lieu de le détruire, ils n'ont songé qu'à le déplacer. C'était un fléau, ils l'ont considéré comme une conquête. Ils en ont doté la société entière. Il a passé forcément d'elle à la majorité, de la majorité entre les mains de quelques hommes, souvent dans une seule main : il a fait tout autant de mal qu'auparavant : et les exemples, les objections, les argumens, et les faits se sont multipliés contre toutes les institutions politiques.

Dans une société fondée sur la souveraineté du peuple, il est certain qu'il n'appartient à aucun individu, à aucune classe, de soumettre le reste à sa volonté particulière ; mais il est faux que la société toute entière possède sur ses membres une souveraineté sans bornes.

L'universalité des citoyens est le souverain, dans ce sens, que nul individu, nulle fraction, nulle association partielle ne peut s'arroger la souveraineté, si elle ne lui a pas été déléguée. Mais il ne s'en suit pas que l'universalité des citoyens, ou ceux qui par elle sont investis de la souveraineté, puissent disposer souverainement de l'existence des individus. Il y a au contraire une partie de l'existence humaine, qui, de nécessité, reste individuelle et indépendante, et qui est de droit hors de toute compétence sociale. La souveraineté n'existe que d'une manière limitée et relative. Au point où commence l'indépendance de l'existence individuelle, s'arrête la juridiction de cette souveraineté. Si la société franchit cette ligne, elle se rend aussi coupable que le despote qui n'a pour titre que le glaive exterminateur ; la société ne peut excéder sa compétence sans être usurpatrice, la majorité, sans être factieuse. L'assentiment de la majorité ne suffit nullement dans tous les cas, pour légitimer ses actes : il en existe que rien ne peut sanctionner; lorsqu'une autorité quelconque commet des actes pareils, il importe peu de quelle source elle se dit émanée, il importe peu qu'elle se nomme individu ou nation ; elle serait la nation entière, moins le citoyen qu'elle opprime, qu'elle n'en serait pas plus légitime.

Rousseau a méconnu cette vérité, et son erreur a fait de son contrat social, si souvent invoqué en faveur de la liberté, le plus terrible auxiliaire de tous les genres de despotisme. Il définit le contrat passé entre la société et ses membres, l'aliénation complète de chaque individu avec tous ses droits et sans réserve à la communauté. Pour nous rassurer sur les suites de cet abandon si absolu de toutes les parties de notre existence au profit d'un être abstrait, il nous dit que le souverain, c'est-à-dire, le corps social ne peut nuire ni à l'ensemble de ses membres, ni à chacun d'eux en particulier : que chacun se donnant tout entier, la condition est égale pour tous, et que nul n'a intérêt de la rendre onéreuse aux autres : que chacun se donnant à tous, ne se donne à personne : que chacun acquiert sur tous les associés les mêmes droits qu'il leur cède, et gagne l'équivalent de tout ce qu'il perd avec plus de force pour conserver ce qu'il a; mais il oublie que tous ces attributs préservateurs qu'il confère à l'être abstrait qu'il nomme le souverain, résultent de ce que cet être se compose de tous les individus sans exception. Or, aussitôt que le souverain doit faire usage de la force qu'il possède, c'est-à-dire, aussitôt qu'il faut procéder à une organisation pratique de l'autorité, comme le souverain ne peut l'exercer par lui-même, il la délègue, et tous ces attributs disparaissent. L'action qui se fait au nom de tous étant nécessairement de gré ou de force à la disposition d'un seul ou de quelques-uns, il arrive qu'en se donnant à tous, il n'est pas vrai qu'on ne se donne à personne ; on se donne au contraire à ceux qui agissent au nom de tous. De-là suit, qu'en se donnant tout entier, l'on n'entre pas dans une condition égale pour tous, puisque quelques-uns profitent exclusivement du sacrifice du reste; il n'est pas vrai que nul n'ait intérêt de rendre la condition onéreuse aux autres, puisqu'il existe des associés qui sont hors de la condition commune. Il n'est pas vrai que tous les associés acquièrent les mêmes droits qu'ils cèdent: ils ne gagnent pas tous l'équivalent de ce qu'ils perdent, et le résultat de ce qu'ils sacrifient, est, ou peut être l'établissement d'une force qui leur enlève ce qu'ils ont.

Rousseau lui-même a été effrayé de ces conséquences; frappé de terreur à l'aspect de l'immensité du pouvoir social qu'il venait de créer, il n'a su dans quelles mains déposer ce pouvoir monstrueux, et n'a trouvé de préservatif contre le danger inséparable d'une pareille souveraineté, qu'un expédient qui en rendit l'exercice impossible. Il a déclaré que la souveraineté ne pouvait être ni aliénée, ni déléguée, ni représentée. C'était déclarer en d'autres termes qu'elle ne pouvait être exercée; c'était anéantir de fait le principe qu'il venait de proclamer.

Mais voyez comme les partisans du despotisme sont plus francs dans leur marche, quand ils parlent de ce même axiôme, parce qu'il les appuie et les favorise. L'homme qui a le plus spirituellement réduit le despotisme en systême, Hobbes, s'est empressé de reconnaître la souveraineté comme illimitée, pour en conclure à la légitimité du gouvernement absolu d'un seul. La souveraineté, dit-il, est absolue; cette vérité a été reconnue de tout temps, même par ceux qui ont excité des séditions ou suscité des guerres civiles : leur motif n'était pas d'anéantir la souveraineté, mais bien d'en transporter ailleurs l'exercice. La démocratie est une souveraineté absolue entre les mains de tous : l'aristocratie une souveraineté absolue entre les mains de quelques-uns; la monarchie une souveraineté absolue entre les mains d'un seul. Le peuple a pu se dessaisir de cette souveraineté absolue, en faveur d'un monarque, qui alors en est devenu légitime possesseur.

L'on voit clairement que le caractère absolu que Hobbes attribue à la souveraineté du peuple, est la base de tout son systême. Ce mot *absolu* dénature toute la question et nous entraîne dans une série nouvelle de conséquences; c'est le point où l'écrivain quitte la route de la vérité pour marcher par le sophisme au but qu'il s'est proposé en commençant. Il prouve que les conventions des hommes ne suffisant pas pour être observées, il faut une force coercitive pour les contraindre à les respecter; que la société devant se préserver des agressions extérieures, il faut une force commune qui arme pour la défense commune; que les hommes étant divisés par leurs prétentions, il faut des lois pour régler leurs droits. Il conclut du premier point, que le souverain a le droit absolu de punir; du second, que le souverain a le droit absolu de faire la guerre; du troisième, que le souverain est législateur absolu. Rien de plus faux que ces conclusions. Le souverain a le droit de punir, mais seulement les actions coupables : il a le droit de faire la guerre, mais seulement lorsque la société est attaquée : il a le droit de faire des lois, mais seulement quand ces lois sont nécessaires, et en tant qu'elles sont conformes à la justice. Il n'y a par conséquent rien d'absolu, rien d'arbitraire dans ces attributions. La démocratie est l'autorité déposée entre les mains de tous, mais seulement la somme d'autorité nécessaire à la sûreté de l'association : l'aristocratie est cette autorité confiée à quelques-uns ; la monarchie, cette autorité remise à un seul. Le peuple peut se dessaisir de cette autorité en faveur d'un seul homme ou d'un petit nombre ; mais leur pouvoir est borné comme celui du peuple qui les en a revêtus. Par ce retranchement d'un seul mot, inséré gratuitement dans la construction d'unc phrase, tout l'affreux système de Hobbes s'écroule. Au contraire, avec le mot *absolu*, ni la liberté, ni comme on le verra dans la suite, le repos ni le bonheur ne sont possibles sous aucune institution. Le gouvernement populaire n'est qu'une tyrannie convulsive ; le gouvernement monarchique qu'un despotisme plus concentré.

Lorsque la souveraineté n'est pas limitée, il n'y a nul moyen de mettre les individus à l'abri des gouvernemens. C'est en vain que vous prétendez soumettre les gouvernemens à la volonté généralc. Ce sont toujours eux qui dictent cette volonté, et toutes les précautions deviennent illusoires.

Le peuple, dit Rousseau, est souverain sous un rapport, et sujet sous un autre; mais dans la pratique, ces deux rapports se confondent. Il est facile à l'autorité d'opprimer le peuple comme sujet, pour le forcer à manifester comme souverain la volonté qu'elle lui prescrit.

Aucune organisation politique ne peut écarter ce danger. Vous avez beau diviser les pouvoirs : si la somme totale du pouvoir est illimitée, les pouvoirs divisés n'ont qu'à former une coalition, et le despotisme est sans remède. Ce qui nous importe, ce n'est pas que nos droits ne puissent être violés par tel pouvoir, sans l'approbation de tel autre, mais que cette violation soit interdite à tous les pouvoirs. Il ne suffit pas que les agens de l'exécution aient besoin d'invoquer l'autorisation du législateur, il faut que le législateur ne puisse autoriser leur action que dans leur sphère légitime. C'est peu que le pouvoir exécutif n'ait pas le droit d'agir sans le concours d'une loi, si l'on ne met pas de bornes à ce concours, si l'on ne déclare pas qu'il est des objets sur lesquels le législateur n'a pas le droit de faire une loi, ou en d'autres termes que la souveraineté est limitée, et qu'il y a des volontés que ni le peuple, ni ses délégués, n'ont le droit d'avoir.

C'est là ce qu'il faut déclarer, c'est la vérité importante, le principe éternel qu'il faut établir.

Aucune autorité sur la terre n'est illimitée, ni celle du peuple, ni celle des hommes qui se disent ses représentans, ni celle des rois, à quelque titre qu'ils régnent, ni celle de la loi, qui, n'étant que l'expression de la volonté du peuple ou du prince, suivant la forme du gouvernement, doit être circonscrite dans les mêmes bornes que l'autorité dont elle émane.

Les citoyens possèdent des droits individuels indépendans de toute autorité sociale ou politique, et toute autorité qui viole ces droits devient illégitime. Les droits des citoyens sont la liberté individuelle, la liberté religieuse, la liberté d'opinion, dans laquelle est comprise sa publicité, la jouissance de la propriété, la garantie contre tout arbitraire. Aucune autorité ne peut porter atteinte à ces droits, sans déchirer son propre titre.

La souveraineté du peuple n'étant pas illimitée, et sa volonté ne suffisant point pour légitimer tout ce qu'il veut, l'autorité de la loi qui n'est autre chose que l'expression vraie ou supposée de cette volonté, n'est pas non plus sans bornes.

Nous devons au repos public beaucoup de sacrifices; nous nous rendrions coupables aux yeux de la morale, si, par un attachement trop inflexible à nos droits, nous résistions à toutes les lois qui nous sembleraient leur porter atteinte; mais aucun devoir ne nous lie envers ces lois prétendues, dont l'influence corruptrice menace les plus nobles parties de notre existence, envers ces lois, qui, non seulement, restreignent nos libertés légitimes, mais nous commandent des actions contraires à ces principes éternels de justice et de pitié que l'homme ne peut cesser d'observer sans dégrader et démentir sa nature.

Aussi long-temps qu'une loi, bien que mauvaise, ne tend pas à nous dépraver, aussi long-temps que les empiétemens de l'autorité n'exigent que des sacrifices qui ne nous rendent ni vils ni féroces, nous y pouvons souscrire. Nous ne transigeons que pour nous. Mais si la loi nous prescrivait de fouler aux pieds ou nos affections ou nos devoirs, si, sous le prétexte d'un dévouement gigantesque et factice, pour ce qu'elle appellerait tour-à-tour monarchie ou république, elle nous interdisait la fidélité à nos amis malheureux, si elle nous commandait la perfidie envers nos alliés, ou même la persécution contre des ennemis vaincus, anathème à la rédaction d'injustices et de crimes couverte ainsi du nom de loi.

Un devoir positif, général, sans restriction, toutes les fois qu'une loi paraît injuste, c'est de ne pas s'en rendre l'exécuteur. Cette force d'inertie n'entraîne ni bouleversemens, ni révolutions, ni désordres.

Rien ne justifie l'homme qui prête son assitance à la loi qu'il croit inique.

La terreur n'est pas une excuse plus valable que toutes les autres passions infâmes. Malheur à ces instrumens zélés et dociles, éternellement comprimés, à ce qu'ils nous disent, agens infatigables de toutes les tyrannies existantes, dénonciateurs posthumes de toutes les tyrannies renversées.

On nous alléguait, à une époque affreuse,

qu'on ne se fesait l'agent des lois injustes que pour en affaiblir la rigueur, que le pouvoir dont on consentait à se rendre le dépositaire, aurait fait plus de mal encore, s'il eut été remis à des mains moins pures. Transaction mensongère, qui ouvrait à tous les crimes une carrière sans bornes ! Chacun marchandait avec sa conscience, et chaque degré d'injustice trouvait de dignes exécuteurs. Je ne vois pas pourquoi dans ce système, on ne se rendrait pas le bourreau de l'innocence, sous le prétexte qu'on l'étranglerait plus doucement.

Résumons maintenant les conséquences de nos principes.

La souveraineté du peuple n'est pas illimitée, elle est circonscrite dans les bornes que lui tracent la justice et les droits des individus. La volonté de tout un peuple ne peut rendre juste ce qui est injuste. Les représentans d'une nation n'ont pas le droit de faire ce que la nation n'a pas le droit de faire elle-même. Aucun monarque, quelque titre qu'il réclame, soit qu'il s'appuie sur le droit divin, sur le droit de conquête, ou sur l'assentiment du peuple, ne possède une puissance sans bornes. Dieu, s'il intervient dans les choses humaines, ne sanctionne que la justice. Le droit de conquête n'est que la force, qui n'est pas un droit, puisqu'elle passe à qui s'en saisit. L'assentiment du peuple ne saurait légitimer ce qui est illégitime, puisqu'un peuple ne peut déléguer à personne une autorité qu'il n'a pas.

Une objection se présente contre la limitation de la souveraineté. Est-il possible de la limiter? Existe-t-il une force qui puisse l'empêcher de franchir les barrières qu'on lui aura prescrites? On peut, dira-t-on, par des combinaisons ingénieuses, restreindre le pouvoir en le divisant. On peut mettre en opposition et en équilibre ses différentes parties. Mais par quel moyen fera-t-on que la somme totale n'en soit pas illimitée? Comment borner le pouvoir autrement que par le pouvoir?

Sans doute, la limitation abstraite de la souveraineté ne suffit pas. Il faut chercher des bases d'institutions politiques, qui combinent tellement les intérêts des divers dépositaires de la puissance, que leur avantage le plus manifeste, le plus durable et le plus assuré, soit de rester chacun dans les bornes de leurs attributions respectives. Mais la première question n'en est pas moins la compétence et la limitation de la souveraineté. Car avant d'avoir organisé une chose, il faut en avoir déterminé la nature et l'étendue.

En second lieu, sans vouloir, comme l'ont fait trop souvent les philosophes, exagérer l'influence de la vérité, l'on peut affirmer que, lorsque de certains principes sont complètement et clairement démontrés, ils se servent en quelque sorte de garantie à eux-mêmes. Il se forme à l'égard de l'évidence, une opinion universelle qui bientôt est victorieuse. S'il est reconnu que la souveraineté n'est pas sans bornes, c'est-à-dire, qu'il n'existe sur la terre aucune puissance illimitée, nul, dans aucun temps, n'osera réclamer une semblable puissance. L'expérience même le prouve déjà. L'on n'attribue plus, par exemple, à la société entière, le droit de vie et de mort, sans jugement. Aussi, nul gouvernement moderne ne prétend exercer un pareil droit. Si les tyrans des anciennes républiques nous paraissent bien plus effrénés que les gouvernans de l'histoire moderne, c'est en partie à cette cause qu'il faut l'attribuer. Les attentats les plus monstrueux du despotisme d'un seul furent souvent dus à la doctrine de la puissance sans bornes de tous.

La limitation de la souveraineté est donc véritable, et elle est possible. Elle sera garantie d'abord par la force qui garantit toutes les vérités reconnues, par l'opinion : ensuite elle le sera d'une manière plus précise, par la distribution et par la balance des pouvoirs.

Mais commencez par reconnaître cette limitation salutaire. Sans cette précaution préalable, tout est inutile.

En renfermant la souveraineté du peuple dans ses justes bornes, vous n'avez plus rien à redouter ; vous enlevez au despotisme, soit des individus, soit des assemblées, la sanction apparente qu'il croit puiser dans un assentiment qu'il commande, puisque vous prouvez que cet assentiment, fut-il réel, n'a le pouvoir de rien sanctionner.

Le peuple n'a pas le droit de frapper un seul innocent, ni de traiter comme coupable un seul accusé sans preuves légales. Il ne peut donc déléguer un droit pareil à personne. Le peuple n'a pas le droit d'attenter à la liberté d'opinion, à la liberté religieuse, aux sauvegardes judiciaires, aux formes protectrices. Aucun despote, aucune assemblée, ne peut donc exercer un droit semblable, en disant que le peuple l'en a revêtu. Tout despotisme est donc illégal, rien ne peut le sanctionner, pas même la volonté populaire qu'il allègue. Car il s'arroge, au nom de la souveraineté du peuple, une puissance qui n'est pas comprise dans cette souveraineté, et ce n'est pas seulement le déplacement irrégulier du pouvoir qui existe, mais la création d'un pouvoir qui ne doit pas exister.

CHAPITRE II.

De la nature du pouvoir royal dans une monarchie constitutionnelle.

Notre constitution, en établissant la responsabilité des ministres, sépare clairement le pouvoir ministériel du pouvoir royal. Le seul fait que le monarque est inviolable, et que les ministres sont responsables, constate cette séparation. Car on ne peut nier que les ministres n'ayent par là un pouvoir qui leur appartient en propre jusqu'à un certain point. Si on ne les considérait que comme des agens passifs et aveugles, leur responsabilité serait absurde et injuste, ou du moins il faudrait qu'ils ne fussent responsables qu'envers le Monarque, de la stricte exécution de ses ordres. Mais la constitution veut qu'ils soient responsables envers la nation, et que dans certains cas les ordres du Monarque ne puissent leur servir d'excuse. Il est donc clair qu'ils ne sont pas des agens passifs. Le pouvoir ministériel, bien qu'émané du pouvoir royal, a cependant une existence réellement séparée de ce dernier : et la différence est essentielle et fondamentale, entre l'autorité responsable, et l'autorité investie de l'inviolabilité.

Cette distinction étant de la sorte consacrée par notre constitution même, je crois devoir l'entourer de quelques développemens. Indiquée dans un ouvrage que j'ai publié avant la promulgation de la charte de 1814, elle a paru claire et utile à des hommes dont l'opinion est à mes yeux d'un grand poids. C'est en effet, selon moi, la clef de toute organisation politique.

Le pouvoir royal (j'entends celui du chef de l'Etat, quelque titre qu'il porte), est un pouvoir neutre. Celui des ministres est un pouvoir actif. Pour expliquer cette différence, définissons les pouvoirs politiques, tels qu'on les a connus jusqu'ici.

Le pouvoir exécutif, le pouvoir législatif, et le pouvoir judiciaire, sont trois ressorts qui doivent coopérer, chacun dans sa partie, au mouvement général : mais quand ces ressorts dérangés se croisent, s'entre-choquent et s'entravent, il faut une force qui les remette à leur place. Cette force ne peut pas être dans l'un des ressorts, car elle lui servirait à détruire les autres. Il faut qu'elle soit en dehors, qu'elle soit neutre, en quelque sorte, pour que son action s'applique nécessairement partout où il est nécessaire qu'elle soit appliquée, et pour qu'elle soit préservatrice, réparatrice, sans être hostile.

La monarchie constitutionnelle crée ce pouvoir neutre, dans la personne du chef de l'État. L'intérêt véritable de ce chef n'est aucunement que l'un des pouvoirs renverse l'autre, mais que tous s'appuient, s'entendent et agissent de concert.

On n'a distingué jusqu'à présent dans les organisations politiques, que trois pouvoirs,

J'en démêle cinq, de natures diverses, dans une monarchie constitutionnelle : 1°. le pouvoir royal; 2°. le pouvoir exécutif; 3°. le pouvoir représentatif de la durée; 4°. le pouvoir représentatif de l'opinion; 5°. le pouvoir judiciaire.

Le pouvoir représentatif de la durée réside dans une assemblée héréditaire; le pouvoir représentatif de l'opinion dans une assemblée élective ; le pouvoir exécutif est confié aux ministres; le pouvoir judiciaire aux tribunaux. Les deux premiers pouvoirs font les lois, le troisième pourvoit à leur exécution générale, le quatrième les applique aux cas particuliers. Le pouvoir royal est au milieu, mais au-dessus des quatre autres, autorité à-la-fois supérieure et intermédiaire, sans intérêt à déranger l'équilibre, mais ayant au contraire, tout intérêt à le maintenir.

Sans doute, comme les hommes n'obéissent pas toujours à leur intérêt bien entendu, il faut prendre cette précaution, que le chef de l'Etat ne puisse agir à la place des autres pouvoirs. C'est en cela que consiste la différence entre la monarchie absolue et la monarchie constitutionnelle.

Comme il est toujours utile de sortir des abstractions par les faits, nous citerons la constitution anglaise.

Aucune loi ne peut être faite sans le concours de la chambre héréditaire et de la chambre élective, aucun acte ne peut être exécuté sans la signature d'un ministre, aucun jugement prononcé que par des tribunaux indépendans. Mais quand cette précaution est prise, voyez comme la constitution anglaise emploie le pouvoir royal à mettre fin à toute lutte dangereuse, et à rétablir l'harmonie entre les autres pouvoirs. L'action du pouvoir exécutif est-elle dangereuse, le roi destitue les ministres. L'action de la chambre héréditaire devient-elle funeste, le roi lui donne une tendance nouvelle, en créant de nouveaux pairs. L'action de la chambre élective s'annonce-t-elle comme menaçante, le roi fait usage de son *veto*, ou il dissout la chambre élective. Enfin l'action même du pouvoir judiciaire est-elle facheuse, en tant qu'elle applique à des actions individuelles des peines générales trop sévères, le roi tempère cette action par son droit de faire grâce.

Le vice de presque toutes les constitutions a été de ne pas avoir créé un pouvoir neutre, mais d'avoir placé la somme totale d'autorité dont il doit être investi dans l'un des pouvoirs actifs. Quand cette somme d'autorité s'est trouvée réunie à la puissance législative, la loi, qui ne devait s'étendre que sur des objets déterminés, s'est étendue à tout. Il y a eu arbitraire et tyrannie sans bornes. De-là les excès du long parlement, ceux des assemblées du peuple dans les républiques d'Italie, ceux de la convention, à quelques époques de son existence. Quand la même somme d'autorité s'est trouvée réunie au pouvoir exécutif, il y a eu despotisme. De-là l'usurpation qui résulta de la dictature à Rome.

L'histoire romaine est en général un grand exemple de la nécessité d'un pouvoir neutre, intermédiaire entre les pouvoirs actifs. Nous voyons dans cette république, au milieu des froissemens qui avaient lieu entre le peuple et le sénat, chaque parti chercher des garanties : mais comme il les plaçait toujours en lui-même, chaque garantie devenait une arme contre le parti opposé. Les soulèvemens du peuple, menaçant l'Etat de sa destruction, l'on créa les dictateurs, magistrats dévoués à la classe patricienne. L'oppression exercée par cette classe réduisant les plébéiens au désespoir, l'on ne détruisit point la dictature; mais on eut recours simultanément à l'institution tribunicienne, autorité toute populaire. Alors les ennemis se retrouvèrent en présence ; seulement chacun s'était fortifié de son côté. Les centuries étaient une aristocratie, les tribus une démocratie. Les plébiscites décrétés sans le secours du sénat, n'en étaient pas moins obligatoires pour les patriciens. Les sénatus-consultes, émanant des patriciens seuls, n'en étaient moins obligatoires pour les plébéiens. Ainsi chaque parti saisissait tour-à-tour le pouvoir qui aurait dû être confié à des mains neutres, et en abusait, ce qui ne peut manquer d'arriver, aussi long-tems que les pouvoirs actifs ne l'abdiquent pas pour en former un pouvoir à part.

La même observation se reproduit pour les Carthaginois : vous les voyez créer successivement les Suffetes, pour mettre des bornes à l'aristocratie du Sénat, le tribunal des cent pour réprimer les Suffetes, le tribunal des cinq pour contenir les cent. Ils voulaient, dit Condillac, imposer un frein à une autorité, et ils en établissaient une autre, qui avait également besoin d'être limitée, laissant ainsi toujours subsister l'abus auquel ils croyaient porter remède.

La monarchie constitutionnelle nous offre,

comme je l'ai dit, ce pouvoir neutre, si indispensable à toute liberté régulière. Le roi, dans un pays libre, est un être à part, supérieur aux diversités des opinions, n'ayant d'autre intérêt que le maintien de l'ordre, et le maintien de la liberté, ne pouvant jamais rentrer dans la condition commune, inaccessible en conséquence à toutes les passions que cette condition fait naître, et à toutes celles que la perspective de s'y retrouver nourrit nécessairement dans le cœur des agens investis d'une puissance momentanée. Cette auguste prérogative de la royauté doit répandre dans l'esprit du monarque un calme, et dans son âme un sentiment de repos, qui ne peuvent être le partage d'aucun individu dans une position inférieure. Il plane, pour ainsi dire, au-dessus des agitations humaines, et c'est le chef-d'œuvre de l'organisation politique d'avoir ainsi créé, dans le sein même des dissentimens sans lesquels nulle liberté n'existe, une sphère inviolable de sécurité, de majesté, d'impartialité, qui permet à ces dissentimens de se développer sans péril, tant qu'ils n'excèdent pas certaines limites, et qui, dès que le danger s'annonce, y met un terme par des moyens légaux, constitutionnels, et dégagés de tout arbitraire. Mais on perd cet immense avantage, soit en rabaissant le pouvoir du monarque au niveau du pouvoir exécutif, soit en élevant le pouvoir exécutif au niveau du monarque.

Si vous confondez ces pouvoirs, deux grandes questions deviennent insolubles : l'une, la destitution du pouvoir exécutif proprement dit, l'autre la responsabilité.

Le pouvoir exécutif réside de fait dans les ministres : mais l'autorité qui pourrait le destituer a ce défaut dans la monarchie absolue, qu'elle est son alliée, et dans la république, qu'elle est son ennemie. Ce n'est que dans la monarchie constitutionnelle qu'elle s'élève au rang de son juge.

Aussi voyons-nous que dans la monarchie absolue, il n'y a de moyen de destituer le pouvoir exécutif, qu'un bouleversement, remède souvent plus terrible que le mal; et bien que les républiques aient cherché à organiser des moyens plus réguliers, ces moyens ont eu fréquemment le même résultat violent et désordonné.

Les Crétois avaient inventé une insurrection, en quelque sorte légale, par laquelle on déposait tous les magistrats, et plusieurs publicistes les en louent (1). Une loi d'Athènes permettait à chaque citoyen de tuer quiconque dans l'exercice d'une magistrature aurait attenté à la liberté de la république(2). La loi de Valérius-Publicola avait à Rome le même but. Les Florentins ont eu leur Ballia, ou conseil extraordinaire, créé sur l'heure, et qui revêtu de tous les pouvoirs, avait une faculté de destitution universelle (3). Mais dans toutes ces constitutions, le droit de destituer le pouvoir exécutif flottait, pour ainsi dire, à la merci de quiconque s'en emparait, et celui qui s'en emparait le saisissait, non pour détruire, mais pour exercer la tyrannie. Il arrivait de là que le parti vainqueur ne se contentait pas de déposé-

---

(1) Filangieri I. 10. Montesquieu VIII. 11.

(2) Petit de Leg. Att. III, 2.

(3) Machiavel passim.

der, il frappait; et comme il frappait sans jugement, c'était un assassinat, au lieu d'être une justice.

La Ballia de Florence, née de l'orage, se ressentait de son origine. Elle condamnait à mort, incarcérait, dépouillait, parce qu'elle n'avait pas d'autre moyen de priver de l'autorité les hommes qui en étaient dépositaires. Aussi, après avoir agité Florence par l'anarchie, fut-elle l'instrument principal de la puissance des Médicis.

Il faut un pouvoir constitutiounel qui ait toujours ce que la Ballia avait d'utile, et qui n'ait jamais ce qu'elle avait de dangereux; c'est-à-dire, qui ne puisse ni condamner, ni incarcérer, ni dépouiller, ni proscrire, mais qui se borne à ôter le pouvoir aux hommes ou aux assemblées qui ne sauraient plus longtems le posséder sans péril.

La monarchie constitutionelle résout ce grand problême; et pour mieux fixer les idées, je prie le lecteur de rapprocher mes assertions de la réalité. Cette réalité se trouve dans la monarchie anglaise. Elle crée ce pouvoir neutre et intermédiaire: c'est le pouvoir royal séparé du pouvoir exécutif. Le pouvoir exécutif est destitué sans être poursuivi. Le Roi n'a pas besoin de convaincre ses Ministres d'une faute, d'un crime ou d'un projet coupable pour les renvoyer; il les renvoye sans les punir : ainsi, tout ce qui est nécessaire a lieu, sans rien de ce qui est injuste ; et, comme il arrive toujours, ce moyen, parce qu'il est juste, est encore utile sous un autre point de vue.

C'est un grand vice dans toute constitution, que de ne laisser d'alternative aux hommes puissans, qu'entre leur puissance et l'échafaud.

Il y a, entre la destitution du pouvoir exécutif et son châtiment, la même différence qu'entre la dissolution des assemblées représentatives et la mise en accusation de leurs membres. Si l'on remplaçait la première de ces mesures par la seconde, nul doute que les assemblées menacées, non-seulement dans leur existence politique, mais dans leur existence individuelle, ne devinssent furieuses par le sentiment du péril, et que l'état ne fût exposé aux plus grands maux. Il en est de même du pouvoir exécutif. Si vous substituez à la faculté de le destituer sans le punir, celle de le mettre en jugement, vous excitez sa crainte et sa colère : il défendra son pouvoir pour sa sûreté. La monarchie constitutionelle prévient ce danger. Les représentans, après la dissolution de leur assemblée, les ministres, après leur destitution, rentrent dans la classe des autres citoyens, et les résultats de ces deux grands préservatifs contre ces abus sont également efficaces et paisibles.

Des considérations du même genre s'offrent à nous, quand il s'agit de la responsabilité.

Un monarque héréditaire peut et doit être irresponsable ; c'est un être à part au sommet de l'édifice. Son attribution qui lui est particulière et qui est permanente non-seulement en lui, mais dans sa race entière, depuis ses ancêtres jusqu'à ses descendans, le sépare de tous les individus de son empire. Il n'est nullement extraordinaire de déclarer un homme inviolable, lorsqu'une famille est investie du droit de gouverner un grand peuple, à l'exclusion des autres familles, et au risque de toutes les chances de la succession.

Le monarque lui-même se prête sans répugnance à la responsabilité de ses ministres. Il a des biens plus précieux à défendre que tel ou tel détail de l'administration, tel ou tel exercice partiel de l'autorité. Sa dignité est un patrimoine de famille, qu'il retire de la lutte, en abandonnant son ministère. Mais ce n'est que lorsque la puissance est de la sorte sacrée, que vous pouvez séparer la responsabilité d'avec la puissance.

Un pouvoir républicain se renouvelant périodiquement, n'est point un être à part, ne frappe en rien l'imagination, n'a point droit à l'indulgence pour ses erreurs, puisqu'il a brigué le poste qu'il occupe, et n'a rien de plus précieux à défendre que son autorité, qui est compromise dès qu'on attaque son ministère, composé d'hommes comme lui, et avec lesquels il est toujours de fait solidaire.

Rendre le pouvoir suprême inviolable, c'est constituer ses ministres juges de l'obéissance qu'ils lui doivent. Ils ne peuvent, à la vérité, lui refuser cette obéissance qu'en donnant leur démission; mais alors l'opinion publique devient juge à son tour entre le pouvoir supérieur et les ministres, et la faveur est naturellement du côté des hommes qui paraissent avoir fait à leur conscience le sacrifice de leurs intérêts. Ceci n'a pas d'inconvéniens dans la monarchie héréditaire. Les élémens dont se compose la vénération qui entoure le monarque, empêchent qu'on ne le compare avec ses ministres, et la permanence de sa dignité fait que tous les efforts de leurs partisans se dirigent contre le ministère nouveau. Mais dans une république, la comparaison s'établirait entre le pouvoir suprême et les anciens ministres; elle mènerait à désirer que ceux-ci devinssent le pouvoir suprême, et rien, dans sa composition, ni dans ses formes, ne semblerait s'y opposer.

Entre un pouvoir républicain non responsable, et un ministère responsable, le second serait tout, et le premier ne tarderait pas à être reconnu pour inutile. La non responsabilité force le gouvernement à ne rien faire que par ses ministres. Mais alors quelle est l'utilité du pouvoir supérieur au ministère? Dans une monarchie, c'est d'empêcher que d'autres ne s'en emparent, et d'établir un point fixe, inattaquable, dont les passions ne puissent approcher. Mais rien de pareil n'a lieu dans une république, où tous les citoyens peuvent arriver au pouvoir suprême.

Supposez, dans la constitution de 1795, un Directoire inviolable, et un ministère actif et énergique. Aurait-on souffert long-tems cinq hommes qui ne faisaient rien, derrière six hommes qui auraient tout fait? Un gouvernement républicain a besoin d'exercer sur ses ministres une autorité plus absolue qu'un monarque héréditaire: car il est exposé à ce que ses instrumens deviennent ses rivaux. Mais, pour qu'il exerce une telle autorité, il faut qu'il appelle sur lui-même la responsabilité des actes qu'il commande : car on ne peut se faire obéir des hommes, qu'en les garantissant du résultat de l'obéissance.

Les républiques sont donc forcées à rendre responsable le pouvoir suprême. Mais alors la responsabilité devient illusoire.

Une responsabilité qui ne peut s'exercer que sur des hommes dont la chûte interromprait les relations extérieures et frapperait d'immobilité les rouages intérieurs de l'état ne s'exercera jamais. Voudra-t-on bouleverser la société, pour venger les droits d'un, de dix, de cent, de mille citoyens, disséminés sur une surface de trente mille lieues carrées? L'arbitraire sera sans remède, parce que le remède sera toujours plus facheux qu'un mal modéré. Les coupables échapperont, tantôt par l'usage qu'ils feront de leur pouvoir pour corrompre, tantôt parce que ceux mêmes qui seraient disposés à les accuser, frémiront de l'ébranlement qu'une accusation ferait éprouver à l'édifice constitutionnel. Car, pour venger la violation d'une loi particulière, il faudra mettre en péril ce qui sert de garantie à toutes les lois. Ainsi les hommes faibles et les hommes raisonnables, les hommes vénaux et les hommes scrupuleux, se trouveront engagés par des motifs différens à ménager les dépositaires infidèles de l'autorité exécutive. La responsabilité sera nulle, parce qu'elle aura été dirigée trop haut. Enfin, comme il est de l'essence du pouvoir, lorsqu'il peut abuser impunément, d'abuser toujours davantage, si les vexations se multiplient au point d'être intolérables, la responsabilité s'exercera, mais étant dirigée contre les chefs du gouvernement, elle sera probablement suivie de la destruction du gouvernement.

Je n'ai point ici à examiner s'il serait possible, par une organisation nouvelle, de remédier à l'inconvénient relatif à la responsabilité, dans une constitution républicaine. Ce que j'ai voulu prouver, c'est que la première condition qui est indispensable, pour que la responsabilité s'exerce, c'est de séparer le pouvoir exécutif du pouvoir suprême. La monarchie constitutionnelle atteint ce grand but; mais on reperdrait cet avantage, si l'on confondait ces deux pouvoirs.

Le pouvoir ministériel est si réellement le seul ressort de l'exécution dans une constitution libre, que le monarque ne propose rien que par l'intermédiaire de ses ministres : il n'ordonne rien, que leur signature n'offre à la nation la garantie de leur responsabilité.

Quand il est question de nominations, le monarque décide seul; c'est son droit incontestable. Mais dès qu'il est question d'une action directe, ou même seulement d'une proposition, le pouvoir ministériel est obligé de se mettre en avant, pour que jamais la discussion ou la résistance ne compromette le chef de l'état.

L'on a prétendu qu'en Angleterre le pouvoir royal n'était point aussi positivement distingué du pouvoir ministériel. L'on a cité une conjoncture où la volonté personnelle du souverain l'avait emporté sur celle de ses ministres, en refusant de faire participer les catholiques aux priviléges de ses autres sujets. Mais ici deux choses sont confondues, le droit de maintenir ce qui existe, droit qui appartient nécessairement au pouvoir royal, et qui le constitue, comme je l'affirme, autorité neutre et préservatrice, et le droit de proposer l'établissement de ce qui n'existe pas encore, droit qui appartient au pouvoir ministériel.

Dans la circonstance indiquée, il n'était question que de maintenir ce qui existait, car les lois contre les catholiques sont en pleine vigueur, bien que l'exécution en soit adoucie. Or, aucune loi ne peut être abrogée sans la participation du pouvoir royal. Je n'examine pas si, dans le cas particulier, l'exercice de ce pouvoir a été bon ou mauvais; je regrette que des scrupules respectables, puisqu'ils tiennent à la conscience, mais erronés en principe et funestes en application, ayent engagé le Roi d'Angleterre à maintenir des mesures vexatoires et intolérantes; mais il s'agit seulement ici de prouver qu'en les maintenant, le pouvoir royal n'est pas sorti de ses bornes : et pour nous en convaincre surabondamment, renversons l'hypothèse, et supposons que ces lois contre les catholiques n'eussent pas existé. La volonté personnelle du monarque n'aurait pu obliger aucun ministre à les proposer, et j'ose affirmer que de nos jours, le Roi d'Angleterre ne trouverait pas un ministre qui proposât des lois pareilles. Ainsi la différence entre le pouvoir royal et le pouvoir ministériel est constatée par l'exemple même, allegué pour l'obscurcir. Le caractère neutre et purement préservateur du premier est bien manifeste : il est évident, qu'entre les deux, le second seul est actif, puisque si ce dernier ne voulait pas agir, le premier ne trouverait nul moyen de l'y contraindre, et n'aurait pas non plus de moyen d'agir sans lui : et remarquez que cette position du pouvoir royal n'a que des avantages et jamais d'inconvéniens, car en même tems qu'un roi d'Angleterre rencontrerait dans le refus d'agir de son ministère, un insurmontable obstacle à proposer des lois contraires à l'esprit du siècle et à la liberté religieuse, cette opposition ministérielle serait impuissante, si elle voulait empêcher le pouvoir royal de faire proposer des lois conformes à cet esprit et favorables à cette liberté. Le Roi n'aurait qu'à changer de ministre, et tandis que nul ne se présenterait pour braver l'opinion, et pour lutter de front contre les lumières, il s'en offrirait mille, pour être les organes de mesures populaires, que la nation appuierait de son approbation et de son aveu. (1)

---

(1) Ce que je dis ici du respect, où de la condescendance des Ministres anglais, pour l'opinion nationale, ne s'applique malheureusement qu'à leur administration intérieure. Le renouvellement de la guerre ; sans prétexte, sans excuse, en réponse aux démonstrations les plus modérées, aux intentions pacifiques les plus manifestement sincères, ne prouve que trop que pour les affaires du continent, ce Ministère anglais ne consulte ni l'inclination du peuple, ni sa raison, ni ses intérêts.

Je ne veux point nier qu'il n'y ait dans le tableau d'un pouvoir monarchique plus animé, plus actif, quelque chose de séduisant, mais les institutions dépendent des tems beaucoup plus que des hommes. L'action directe du monarque s'affaiblit toujours inévitablement, en raison des progrès de la civilisation. Beaucoup de choses que nous admirons et qui nous semblent touchantes à d'autres époques, sont maintenant inadmissibles. Représentez-vous les rois de France rendant aux pieds d'un chêne la justice à leurs sujets, vous serez ému de ce spectacle, et vous révérerez cet exercice auguste et naïf d'une autorité paternelle; mais aujourd'hui, que verrait-on dans un jugement rendu par un roi, sans le concours des tribunaux? la violation de tous les principes, la confusion de tous les pouvoirs, la destruction de l'indépendance judiciaire, si énergiquement voulue par toutes les classes. On ne fait pas une monarchie constitutionnelle avec des souvenirs et de la poésie.

Il reste aux monarques, sous une constitution libre, de nobles, belles, sublimes prérogatives. A eux appartient ce droit de faire grâce, droit d'une nature presque divine, qui répare les erreurs de la justice humaine, ou ses sévérités trop inflexibles, qui sont aussi des erreurs : à eux appartient le droit d'investir les citoyens distingués d'une illustration durable, en les plaçant dans cette magistrature héréditaire, qui réunit l'éclat du passé à la solemnité des plus hautes fonctions politiques : à eux appartient le droit de nommer les organes des lois, et d'assurer à la société la jouissance de l'ordre public, et à l'innocence la sécurité : à eux appartient le droit de dissoudre les assemblées représentatives, et de préserver ainsi la nation des égaremens de ses mandataires, en l'appelant à de nouveaux choix : à eux appartient la nomination des ministres, nomination qui dirige vers le monarque la reconnaissance nationale, quand les ministres s'acquittent dignement de la mission qu'il leur a confiée : à eux appartient enfin la distribution des grâces, des faveurs, des récompenses, la prérogative de payer d'un regard ou d'un mot les services rendus à l'état, prérogative qui donne à la monarchie un trésor d'opinion inépuisable, qui fait de tous les amours-propres autant de serviteurs, de toutes les ambitions autant de tributaires.

Voilà certes une carrière vaste, des attributions imposantes, une grande et noble mission ; et ces conseillers seraient mauvais et perfides, qui présenteraient à un monarque constitutionnel, comme objet de désir ou de regret, cette puissance despotique, sans bornes ou plutôt sans frein, qui serait équivoque, parce qu'elle serait illimitée, précaire, parce qu'elle serait violente, et qui pèserait d'une manière également funeste, sur le prince qu'elle ne peut qu'égarer, et sur le peuple qu'elle ne sait que tourmenter ou corrompre. (1)

---

(1) Il est assez remarquable, qu'un instinct confus ait toujours averti les hommes de la vérité que je viens de développer dans ce chapitre, bien qu'elle n'eut jamais été énoncée ; mais précisément parce qu'elle ne l'avait pas été, cet instinct confus a été la cause d'erreurs très-dangereuses.

De ce que l'on sentait vaguement que le pouvoir royal était par sa nature une autorité neutre qui, renfermée dans ses limites, n'avait pas de prérogatives nuisibles, on en a conclu qu'il n'y aurait pas d'inconvénient à l'investir de ces prérogatives, et la neutralité a cessé.

Si l'on avait proposé d'accorder à des ministres une action arbitraire sur la liberté individuelle, et sur les droits des citoyens, tout le monde aurait rejeté cette proposition, parce que la nature du pouvoir ministériel, toujours en contact avec tous les intérêts, aurait, au premier coup-d'œil, démontré le danger de revêtir ce pouvoir de cette action arbitraire. Mais on a concédé souvent cette autorité aux rois, parce qu'on les considérait comme désintéressés et impartiaux : et l'on a détruit par cette concession l'impartialité même qui lui servait de prétexte.

Toute puissance arbitraire est contre la nature du pouvoir royal. Aussi arrive-t-il toujours de deux choses l'une : ou cette puissance devient l'attribution de l'autorité ministérielle, ou le roi lui-même cessant d'être neutre, devient une espèce de ministre plus redoutable, parce qu'il associe à l'inviolabilité qu'il possède, des attributions qu'il ne devrait jamais posséder. Alors ces attributions détruisent toute possibilité de repos, toute espérance de liberté.

CHAPITRE III.

Du droit de dissoudre les Assemblées représentatives.

Il y a des questions que tous les hommes éclairés considèrent comme résolues depuis long-tems, et sur lesquelles en conséquence ils se dispensent de revenir : mais à leur grande surprise, aussitôt qu'il s'agit de passer de la théorie à la pratique, ces questions sont mises en doute. L'on dirait que l'esprit humain ne cède à l'évidence qu'à condition de se refuser à l'application.

Des réclamations se sont élevées contre le droit de dissoudre les assemblées représentatives, droit attribué par notre acte constitutionel, comme par la constitution d'Angleterre, au dépositaire du pouvoir suprême. Néanmoins, toute organisation politique qui ne consacrerait pas cette faculté dans les mains du chef de l'état, deviendrait nécessairement une démagogie effrénée et turbulente, à moins que le despotisme, suppléant par des coups d'autorité aux prérogatives légales, ne réduisit les assemblées au rôle d'instrumens passifs, muets et aveugles.

Aucune liberté, sans doute, ne peut exister dans un grand pays, sans des assemblées fortes, nombreuses et indépendantes; mais ces assemblées ne sont pas sans dangers, et pour l'intérêt de la liberté même, il faut préparer des moyens infaillibles de prévenir ces écarts.

La seule tendance des assemblées à multiplier à l'infini le nombre des lois, est un inconvénient sans remède, si leur séparation immédiate, et leur recomposition avec des élémens nouveaux ne les arrêtent dans leur marche impétueuse et irrésistible.

La multiplicité des lois flatte dans les législateurs deux penchans naturels, le besoin d'agir et le plaisir de se croire nécessaire. Toutes les fois que vous donnez à un homme une vocation spéciale, il aime mieux faire plus que moins. Ceux qui sont chargés d'arrêter les vagabonds sur les grandes routes, sont tentés de chercher querelle à tous les voyageurs. Quand les espions n'ont rien découvert, ils inventent. Il suffit de créer dans un pays un ministère qui surveille les conspirateurs, pour qu'on entende parler sans cesse de conspirations. Les législateurs se partagent l'existence humaine, par droit de conquête, comme les généraux d'Alexandre se partageaient le monde. On peut dire que la multiplicité des lois est la maladie des états représentatifs, parce que dans ces états tout se fait par les lois, tandis que l'absence des lois est la maladie des monarchies sans limites, parce que dans ces monarchies tout se fait par les hommes.

C'est l'imprudente multiplicité des lois, qui, à de certaines époques, a jeté de la défaveur sur ce qu'il y a de plus noble, sur la liberté, et fait chercher un asile dans ce qu'il y a de plus misérable et de plus bas, dans la servitude.

Le véto est bien un moyen direct de réprimer l'activité indiscrète des assemblées représentatives, mais employé souvent, il les irrite sans les désarmer; leur dissolution est le seul remède dont l'efficacité soit assurée.

Lorsqu'on n'impose point de bornes à l'autorité représentative, les représentans du peuple ne sont point des défenseurs de la liberté, mais des candidats de tyrannie; et quand la tyrannie est constituée, elle est peut-être d'autant plus affreuse, que les tyrans sont plus nombreux. Sous une constitution dont la représentation nationale fait partie, la nation n'est libre que lorsque ses députés ont un frein.

Une assemblée qui ne peut être réprimée ni contenue, est de toutes les puissances la plus aveugle dans ses mouvemens, la plus incalculable dans ses résultats, pour les membres mêmes qui la composent. Elle se précipite dans des excès qui au premier coup d'œil sembleraient s'exclure. Une activité indiscrète sur tous les objets, une multiplicité de lois sans mesure, le désir de plaire à la partie passionnée du peuple, en s'abandonnant à son impulsion, ou même en la devançant, le dépit que lui inspire la résistance qu'elle rencontre, ou la censure qu'elle soupçonne; alors l'opposition au sens national, et l'obstination dans l'erreur; tantôt l'esprit de parti qui ne laisse de choix qu'entre les extrêmes, tantôt l'esprit de corps qui ne donne de forces que pour usurper; tour-à-tour la témérité ou l'indécision, la violence ou la fatigue, la complaisance pour un seul, ou la défiance contre tous, l'entraînement par des sensations purement physiques, comme l'enthousiasme ou la terreur; l'absence de toute responsabilité morale, la certitude d'échapper par le nombre à la honte de la lâcheté, ou au péril de l'audace; tels sont les vices des assemblées, lorsqu'elles ne sont pas renfermées dans des limites qu'elles ne puissent franchir. (1)

Une assemblée dont la puissance est illimitée, est plus dangereuse que le peuple. Les hommes réunis en grand nombre ont des mouvemens généreux. Ils sont presque toujours vaincus par la pitié ou ramenés par la justice; mais c'est qu'ils stipulent en leur propre nom. La foule peut sacrifier ses inté-

---

(1) Je dois observer que ce n'est pas d'aujourd'hui que je professe ces principes sur les assemblées qui réunissent tous les pouvoirs. Tout ce morceau est extrait de mes réflexions sur les constitutions et les garanties, publiées en mai 1814, lorsque j'étais plutôt en opposition contre le gouvernement qui existait, et que je n'avais d'espoir pour la liberté que dans la chambre des députés.

rêts à ses émotions; mais les représentans d'un peuple ne sont pas autorisés à lui imposer un tel sacrifice. La nature de leur mission les arrête. La violence d'un rassemblement populaire se combine en eux avec l'impassibilité d'un tribunal, et cette combinaison ne permet d'excès que celui de la rigueur. Ceux qu'on appelle traîtres dans une assemblée, sont d'ordinaire ceux qui réclament en faveur des mesures indulgentes. Les hommes implacables, si quelquefois ils sont blamés, ne sont jamais suspects.

Aristide disait aux Athéniens rassemblés sur la place publique, que leur salut même serait trop chèrement acheté par une résolution injuste ou perfide. En professant cette doctrine, une assemblée craindrait que ses commettans, qui n'auraient reçu ni du raisonnement l'explication nécessaire, ni de l'éloquence l'impulsion généreuse, ne l'accusassent d'immoler l'intérêt public à l'intérêt privé.

Vainement compterait-on sur la force d'une majorité raisonnable, si cette majorité n'avait pas de garantie dans un pouvoir constitutionnel hors de l'assemblée. Une minorité bien unie, qui a l'avantage de l'attaque, qui effraie ou séduit, argumente ou menace tour-à-tour, domine tôt ou tard la majorité. La violence réunit les hommes, parce qu'elle les aveugle sur tout ce qui n'est pas leur but général. La modération les divise, parce qu'elle laisse leur esprit ouvert à toutes les considérations partielles.

L'assemblée constituante était composée des hommes les plus estimés, les plus éclairés de France. Que de fois elle décréta des lois que sa propre raison réprouvait ! Il n'existait pas, dans l'assemblée législative, cent hommes qui voulussent renverser le trône. Elle fut néanmoins, d'un bout à l'autre de sa courte et triste carrière, entraînée dans une direction inverse de ses désirs. Les trois quarts de la convention avaient en horreur les crimes qui avaient souillé les premiers jours de la république; et les auteurs de ces crimes, bien qu'en petit nombre dans son sein, ne tardèrent pas à la subjuguer.

Quiconque a parcouru les actes authentiques du parlement d'Angleterre, jusqu'à sa dispersion par le colonel Pride, avant la mort de Charles I.er, doit être convaincu que les deux tiers de ses membres desiraient ardemment la paix que leurs votes repoussaient sans cesse, et regardaient comme funeste une guerre dont ils proclamaient chaque jour unanimement la nécessité.

Conclura-t-on de ces exemples, qu'il ne faut pas d'assemblées représentatives? Mais alors, le peuple n'aura plus d'organes, le gouvernement plus d'appui, le crédit public plus de garantie. La nation s'isolera de son chef; les individus s'isoleront de la nation, dont rien ne constatera l'existence. Ce sont les assemblées représentatives, qui seules introduisent la vie dans le corps politique. Cette vie a sans doute ses dangers, et nous n'en avons pas affaibli l'image. Mais lorsque, pour s'en affranchir, les gouvernemens veulent étouffer l'esprit national, et y suppléer par du méchanisme, ils apprennent à leurs dépens qu'il y a d'autres dangers, contre lesquels l'esprit national est seul une défense, et que le méchanisme le mieux combiné ne peut conjurer.

Il faut donc que les assemblées représentatives subsistent libres, imposantes, animées. Mais il faut que leurs écarts puissent être réprimés. Or la force répressive doit être placée au dehors. Les règles qu'une assemblée s'impose par sa volonté propre, sont illusoires et impuissantes. La même majorité qui consent à s'enchaîner par des formes, brise à son gré ces formes et reprend le pouvoir après l'avoir abdiqué.

La dissolution des assemblées n'est point, comme on l'a dit, un outrage aux droits du peuple, c'est au contraire, quand les élections tont libres, un appel fait à ses droits en faveur de ses intérêts. Je dis quand les élections sont libres : car quand elles ne sont pas libres, il n'y a point de système représentatif.

Entre une assemblée qui s'obstinerait à ne faire aucune loi, à ne pourvoir à aucun besoin, et un gouvernement qui n'aurait pas le droit de la dissoudre, quel moyen d'administration resterait-il? Or, quand un tel moyen ne se trouve pas dans l'organisation politique, les événemens le placent dans la force. La force vient toujours à l'appui de la nécessité. Sans la faculté de dissoudre les assemblées représentatives, leur inviolabilité n'est qu'une chimère. Elles seront frappées dans leur existence, faute d'une possibilité de renouveller leurs élémens.

CHAPITRE IV.

D'une Assemblée héréditaire et de la nécessité de ne pas limiter le nombre de ses Membres.

DANS une monarchie héréditaire, l'hérédité d'une classe est indispensable. Il est impossible de concevoir comment, dans un pays où toute distinction de naissance serait rejetée, on cansacrerait ce privilège pour la transmission la plus importante, pour celle de la fonction qui intéresse le plus essentiellement le repos et la vie des citoyens. Pour que le gouvernement d'un seul subsiste sans classe héréditaire, il faut que ce soit un pur despotisme. Tout peut aller plus ou moins long-tems sous le despotisme qui n'est que la force. Mais tout ce qui se maintient par le despotisme, court ses chances, c'est-à-dire, est menacé d'un renversement. Les élémens du gouvernement d'un seul, sans classe héréditaire, sont : un homme qui commande :

des soldats qui exécutent, un peuple qui obéit. Pour donner d'autres appuis à la monarchie, il faut un corps intermédiaire : Montesquieu l'exige, même dans la monarchie élective. Partout où vous placez un seul homme à un tel degré d'élévation, il faut, si vous voulez le dispenser d'être toujours le glaive en main, l'environner d'autres hommes qui aient un intérêt à le défendre. L'expérience concourt ici avec le raisonnement. Les publicistes de tous les partis avaient prévu, dès 1791, le résultat de l'abolition de la noblesse en France, bien que la noblesse ne fut revêtue d'aucune prérogative politique, et nul Anglais ne croirait un instant à la stabilité de la monarchie anglaise, si la Chambre des Pairs était supprimée.

Ceux qui disputent l'hérédité à la première Chambre, voudraient-ils laisser subsister la noblesse à côté et à part de cette première Chambre, et créer celle-ci seulement à vie? Mais que serait une noblesse héréditaire sans fonctions, à côté d'une magistrature à vie revêtue de fonctions importantes? ce qu'était la noblesse, en France, dans les dernières années qui ont précédé la révolution ; et c'est précisément ce qui a préparé sa perte. On ne voyait en elle qu'une décoration brillante, mais sans but précis ; agréable à ses possesseurs, légèrement humiliante pour ceux qui ne la possédaient pas, mais sans moyens réels et sans force. Sa prééminence était devenue presque négative, c'est-à-dire qu'elle se composait plutôt d'exclusions pour la classe roturière, que d'avantages positifs pour la classe préférée. Elle irritait sans contenir. Ce n'était point un corps intermédiaire qui maintînt le peuple dans l'ordre, et qui veillât sur la liberté ; c'était une corporation sans base et sans place fixe dans le corps social. Tout concourait à l'affaiblir, jusqu'aux lumières et à la supériorité individuelle de ses propres membres. Séparée par le progrès des idées d'avec la féodalité, elle était le souvenir indéfinissable d'un systême à demi détruit.

La noblesse a besoin dans notre siècle, de se rattacher à des prérogatives constitutionnelles et déterminées. Ces prérogatives sont moins blessantes pour ceux qui ne les possèdent pas, et donnent en même tems plus de force à ceux qui les possèdent. La

Pairie, si l'on fait choix de ce nom pour désigner la première Chambre, la Pairie sera une magistrature en même tems qu'une dignité; elle sera moins exposée à être attaquée, et plus susceptible d'être défendue.

Remarquez de plus que si cette première Chambre n'est pas héréditaire, il faudra déterminer un mode d'en renouveller les élémens. Sera-ce la nomination du Roi? une Chambre, nommée à vie par le Roi, sera-t-elle assez forte pour contre-balancer une autre assemblée émanée de l'élection populaire? Dans la Pairie héréditaire, les Pairs deviennent forts de l'indépendance qu'ils acquièrent immédiatement après leur nomination; ils prennent aux yeux du peuple un autre caractère que celui de simples délégués de la Couronne. Vouloir deux chambres, l'une nommée par le Roi, l'autre par le peuple, sans une différence fondamentale (car des élections viagères ressemblent trop à toute autre espèce d'élection), c'est mettre en présence les deux pouvoirs entre lesquels précisément il faut un intermédiaire : je veux dire celui du Roi et celui du peuple.

Restons fidèles à l'expérience. Nous voyons

la Prairie héréditaire dans la Grande Bretagne, compatible avec un haut dégré de liberté civile et politique ; tous les citoyens qui se distinguent peuvent y parvenir. Elle n'a pas le seul caractère odieux de l'hérédité, le caractère exclusif. Le lendemain de la nomination d'un simple citoyen à la Pairie, il jouît des mêmes privilèges légaux que le plus ancien des Pairs. Les branches cadettes des premières maisons d'Angleterre rentrent dans la masse du peuple ; elles forment un lien entre la Pairie et la nation, comme la Pairie elle-même forme un lien entre la nation et le trône.

Mais pourquoi, dit-on, ne pas limiter le nombre des membres de la chambre héréditaire ? Personne de ceux qui ont proposé cette limitation n'a remarqué quel en serait le résultat.

Cette chambre héréditaire est un corps que le peuple n'a pas le droit d'élire, et que le gouvernement n'a pas le droit de dissoudre. Si le nombre des membres de ce corps est limité, un parti peut se former dans son sein, et ce parti, sans être appuyé de l'assentiment ni du Gouvernement, ni du peuple, ne peut néanmoins être renversé que par le renversement de la constitution même.

Une époque remarquable dans les annales du parlement Britannique fera ressortir l'importance de cette considération. En 1783, le Roi d'Angleterre renvoya de ses conseils la coalition du lord North et de M. Fox. Le Parlement presque tout entier était du parti de cette coalition; le peuple anglais était d'une opinion différente. Le Roi en ayant appelé au peuple, par la dissolution de la Chambre des Communes, une immense majorité vint appuyer le Ministère nouveau. Mais supposez que la coalition eût eu en sa faveur la chambre des Pairs, que le Roi ne pouvait dissoudre, il est évident que, si la prérogative royale ne l'eût pas investi de la faculté de créer un nombre suffisant de nouveaux Pairs, la coalition repoussée à-la-fois et par le Monarque et par la Nation, eût conservé, en dépit de l'un et de l'autre, la direction des affaires.

Limiter le nombre des Pairs ou des Sénateurs, ce serait créer une aristocratie formidable qui pourrait braver et le Prince et les sujets. Toute constitution qui commettrait cette erreur ne tarderait pas à être brisée; car il est nécessaire assurément que la volonté du prince et le vœu du peuple, quand ils s'accordent, ne soient pas désobéis : et lorsqu'une chose nécessaire ne peut s'opérer par la constitution, elle s'opère malgré la constitution.

Que si l'on objecte l'avilissement de la Pairie par des créations de Pairs trop multipliées, je dirai que le seul remède est l'intérêt du Prince à ne pas rabaisser la dignité du corps qui l'entoure et le soutient. S'il s'écarte de cet intérêt, l'expérience l'y ramènera.

CHAPITRE V.

De l'Election des Assemblées représentatives.

Laconstitution a maintenu les collèges électoraux, avec deux améliorations seulement, dont l'une consiste à ordonner que ces colléges seront complettés par des élections annuelles; et l'autre, à ôter au gouvernement le droit de nommer à leur présidence. La nécessité de rendre promptement à la nation des organes, n'a pas permis de revoir et de corriger cette partie importante de notre acte constitutionnel; mais c'est sans contredit la plus imparfaite. Les colléges électoraux, choisis pour la vie, et néanmoins exposés à être dissous (car cette disposition n'est pas rapportée), ont tous les inconvéniens des anciennes assemblées électorales, et n'ont aucun de leurs avantages. Ces assemblées, émanées d'une source populaire et créées à l'instant où les nominations devaient avoir lieu, pouvaient être considérées comme représentant d'une manière plus ou moins exacte l'opinion de leurs commettans. Cette opinion, au contraire, ne pénètre dans les collèges électoraux que lentement et partiellement. Elle n'y est jamais en majorité; et quand elle devient celle du collège, elle a cessé le plus souvent d'être celle du peupeuple. Le petit nombre des électeurs exerce aussi sur la nature des choix une influence fâcheuse. Les assemblées chargées d'élire la représentation nationale, doivent être en aussi grand nombre que cela est compatible avec le bon ordre. En Angleterre, les candidats, du haut d'une tribune, au milieu d'une place publique, ou d'une plaine couverte d'une multitude immense, haranguent les électeurs qui les environnent. Dans nos colléges électoraux, le nombre est restreint, les formes sévères, un silence rigoureux est ordonné. Aucune question ne se présente qui puisse remuer les ames et subjuguer momentanément l'égoïsme individuel. Nul entraînement n'est possible. Or, les hommes vulgaires ne sont justes que lorsqu'ils sont entraînés : ils ne sont entraînés que lorsque, réunis en foule, ils agissent et réagissent les uns sur les autres. On n'attire les regards de plusieurs milliers de citoyens, que par une grande opulence, ou une réputation étendue. Quelques relations domestiques accaparent une majorité dans une réunion de deux et trois cens. Pour être nommé par le peuple, il faut avoir des partisans placés au-delà des alentours ordinaires. Pour être choisi par quelques électeurs, il suffit de n'avoir point d'ennemis. L'avantage est tout entier pour les qualités négatives, et la chance est même contre le talent. Aussi la représentation nationale parmi nous a-t-elle été souvent moins avancée que l'opinion publique sur beaucoup d'objets. (1)

Si nous voulons jouir une fois complettement en France des bienfaits du gouvernement représentatif, il faut adopter l'élection directe. C'est elle qui depuis 1788 porte dans la chambre des communes Britanniques tous les hommes éclairés. L'on aurait peine à citer un Anglais

(1) Je ne parle pas des questions de parti, sur lesquelles au milieu des commotions les lumières n'influent pas ; je parle des objets d'économie politique.

distingué par ses talens politiques, que l'élection n'ait pas honoré, s'il l'a briguée.

Ce mode d'élection peut seul investir la représentation nationale d'une force véritable, et lui donner dans l'opinion des racines profondes. Le représentant nommé par tout autre mode ne trouve nulle part une voix qui reconnaisse la sienne. Aucune fraction du peuple ne lui tient compte de son courage, parce que toutes sont découragées par la longue filière dans les détours de laquelle leur suffrage s'est dénaturé ou a disparu.

Si l'on redoute le caractère français, impétueux et impatient du joug de la loi, je dirai que nous ne sommes tels, que parce que nous n'avons pas contracté l'habitude de nous réprimer nous-mêmes. Il en est des élections comme de tout ce qui tient au bon ordre. Par des précautions inutiles, on cause le désordre ou bien on l'accroît. En France, nos spectacles, nos fêtes sont hérissées de gardes et de bayonnettes. On croirait que trois citoyens ne peuvent se rencontrer sans avoir besoin de deux soldats pour les séparer. En Angleterre 20,000 hommes se rassemblent, pas un soldat ne paraît au milieu d'eux : la sûreté de chacun est confié à la raison et à l'intérêt de chacun, et cette multitude se sentant dépositaire de la tranquillité publique et particulière, veille avec scrupule sur ce dépôt. Il est possible d'ailleurs, par une organisation plus compliquée que celle des élections britanniques, d'apporter un plus grand calme dans l'exercice de ce droit du peuple. Un auteur illustre à plus d'un titre, comme éloquent écrivain, comme ingénieux politique, cemme infatigable ami de la liberté et de la morale, M. Necker, a proposé, dans l'un de ses ouvrages, un mode d'élection qui a semblé réunir l'approbation générale. Cent propriétaires nommés par leurs pairs, présenteraient, dans chaque arrondissement, à tous les citoyens ayant droit de voter, cinq candidats entre lesquels ces citoyens choisiraient. Ce mode est préférable à ceux que nous avons essayés jusqu'à ce jour : tous les citoyens concourraient directement à la nomination de leurs mandataires.

Il y a toutefois un inconvénient : si vous confiez à cent hommes la première proposition, tel individu qui jouirait dans son arrondissement d'une grande popularité, peut se voir exclu de la liste; or cette exclusion suffirait pour désintéresser les votans, appelés à choisir entre cinq candidats, parmi lesquels ne serait pas l'objet de leurs désirs réels et de leur véritable préférence.

Je voudrais, en laissant au peuple le choix définitif, lui donner aussi la première initiative. Je voudrais que dans chaque arrondissement, tous les citoyens ayant droit de voter, fissent une première liste de cinquante, ils formeraient ensuite l'assemblée des cent, chargés sur ces cinquante, d'en présenter cinq, et le choix se ferait de nouveau entre ces cinq par tous les citoyens.

De la sorte, les cent individus auxquels la présentation serait confiée, ne pourraient pas être entraînés par leur partialité pour un candidat, à ne présenter à côté de lui que des concurrens impossibles à élire. Et qu'on ne dise pas que ce danger est imagimaginaire : nous avons vu le Conseil des cinq cents avoir recours à ce stratagême, pour forcer la composition du Directoire. Le droit de présenter équivaut souvent à celui d'exclure.

Cet inconvénient serait diminué par la modification que je propose; 1°. L'assemblée qui présenterait, serait forcée de choisir ses candidats parmi des hommes investis déjà du vœu populaire, possédant tous par conséquent, un certain degré de crédit et de considération parmi leurs concitoyens. 2°. Si dans la première liste il se trouvait un homme auquel une réputation étendue aurait valu la grande majorité des suffrages, les cent électeurs se dispenseraient difficilement de le présenter, tandis qu'au contraire, s'ils avaient la liberté de former une liste, sans que le vœu du peuple se fut préalablement manifesté, des motifs d'attachement ou de jalousie pourraient les porter à exclure celui que ce vœu désignerait, mais n'aurait nul moyen de revêtir d'une indication légale.

Ce n'est au reste que par déférence pour l'opinion dominante, que je transige sur l'élection immédiate. Témoin des désordres apparens qui agitent en Angleterre les élections contestées, j'ai vu combien le tableau de ces désordres est exagéré. J'ai vu sans doute des élections accompagnées de rixes, de clameurs, de disputes violentes; mais le choix n'en portait pas moins sur des hommes distingués ou par leurs talens, ou par leur fortune : et l'élection finie, tout rentrait dans la règle accoutumée. Les électeurs de la classe inférieure, n'aguères obstinés et turbulens, redevenaient laborieux, dociles, respectueux même. Satisfaits d'avoir exercé leurs droits, ils se pliaient d'autant plus facilement aux supériorités et aux conventions sociales, qu'ils avaient, en agissant de la sorte, la conscience de n'obéir qu'au calcnl raisonnable de leur intérêt éclairé. Le lendemain d'une élection, il ne restait plus la moindre trace de l'agitation de la veille. Le peuple avait repris ses travaux, mais l'esprit public avait reçu l'ébranlement salutaire, nécessaire pour le ranimer.

Quelques hommes éclairés blâment la conservation des collèges électoraux, par des motifs directement opposés à ceux sur lesquels je m'appuie. Ils regrettent que les élections ne se fassent plus par un corps unique, et ils apportent à l'appui de leurs regrets des argumens qu'il est bon de réfuter parce qu'ils ont quelque chose de plausible.

« Le peuple, disent-ils, est absolument in-

» capable d'approprier aux diverses parties
» de l'établissement public, les hommes dont
» le caractère et les talens conviennent le
» mieux; il ne doit faire directement aucun
» choix : les corps électoraux doivent être ins-
» titués, non point à la base, mais au sommet
» de l'établissement; les choix doivent partir,
» non d'en bas, où ils se font toujours néces-
» sairement mal, mais d'en haut, où ils se
» feront nécessairement bien; car les élec-
» teurs auront toujours le plus grand intérêt
» au maintien de l'ordre et à celui de la li-
» berté publique, à la stabilité des institu-
» tions et au progrès des idées, à la fixité
» des bons principes et à l'amélioration gra-
» duelle des lois et de l'administration. Quand
» les nominations des fonctionnaires, pour
» désignation spéciale de fonctions, se font
» par le peuple, les choix sont en général
» essentiellement mauvais (1). S'il s'agit de

(1) Je ne puis m'empêcher de rapprocher de cette assertion le sentiment de Machiavel et de Montesquieu, Les hommes, dit le premier, quoique sujets à se tromper sur le général, ne se trompent pas sur le particulier. Le peuple est admirable, dit le second, pour choisir

» magistratures éminentes, les corps électo-
» raux inférieurs choisissent eux-mêmes assez
» mal. Ce n'est plus alors que par une espèce
» de hasard, que quelques hommes de mérite
» s'y trouvent de tems en tems appelés. Les
» nominations au Corps-législatif, par exem-
» ple, ne peuvent être convenablement faites
» que par des hommes qui connaissent bien
» l'objet ou le but général de toute législa-
» tion, qui soient très au ſait de l'état présent
» des affaires et des esprits, qui puissent, en
» parcourant de l'œil toutes les divisions du
» territoire, y désigner d'une main sûre l'élite
» des talens, des vertus et des lumières. Quand
» un peuple nomme ses mandataires princi-
» paux sans intermédiaire, et qu'il est nom-
» breux et disséminé sur un vaste territoire,
» cette opération l'oblige inévitablement à
» se diviser en sections; ces sections sont
» placées à des distances qui ne leur permet-
» tent ni communication, ni accord récipro-
» que. Il en résulte des choix sectionnaires.

---

ceux à qui il doit confier une partie de son autorité, et tout le reste du paragraphe démontre que Montesquieu a en vue une désignation spéciale, une fonction déterminée.

» Il faut chercher l'unité des élections dans
» l'unité du pouvoir électoral. »

Ces raisonnemens reposent sur une idée très-exagérée de l'intérêt général, du but général, de la législation générale, de toutes les choses auxquelles cette épithète s'applique. Qu'est-ce que l'intérêt général, sinon la transaction qui s'opère entre les intérêts particuliers? qu'est-ce que la représentation générale, sinon la représentation de tous les intérêts partiels qui doivent transiger sur les objets qui leur sont communs? L'intérêt général est distinct sans doute des intérêts particuliers, mais il ne leur est point contraire. On parle toujours comme si l'un gagnait à ce que les autres perdent; il n'est que le résultat de ces intérêts combinés; il ne diffère d'eux que comme un corps diffère de ses parties. Les intérêts individuels sont ce qui intéresse le plus les individus; les intérêts sectionnaires sont ce qui intéresse le plus les sections : or, ce sont les individus, ce sont les sections qui composent le corps politique; ce sont par conséquent les intérêts de ces individus et de ces sections qui doivent être protégés : si on les protège tous, l'on retranchera, par cela même, de chacun ce qu'il contiendra de nuisible aux autres, et de-là seulement peut résulter le véritable intérêt public. Cet intérêt public n'est autre chose que les intérêts individuels, mis réciproquement hors d'état de se nuire. Cent députés, nommés par cent sections d'un état, apportent, dans le sein de l'assemblée, les intérêts particuliers, les préventions locales de leurs commettans ; cette base leur est utile : forcés de délibérer ensemble, ils s'aperçoivent bientôt des sacrifices respectifs qui sont indispensables; ils s'efforcent de diminuer l'étendue de ces sacrifices, et c'est l'un des grands avantages de leur mode de nomination. La nécessité finit toujours par les réunir dans une transaction commune, et plus les choix ont été sectionnaires, plus la représentation atteint son but général. Si vous renversez la gradation naturelle, si vous placez le corps électoral au sommet de l'édifice, ceux qu'il nomme se trouvent appelés à prononcer sur un intérêt public dont ils ne connaissent pas les élémens; vous les chargez de transiger pour des parties dont ils ignorent ou dont ils dédaignent les besoins. Il est bon que le représentant d'une section soit l'organe de cette section ; qu'il n'abandonne aucun de ses droits réels ou imaginaires, qu'après les avoir défendus ; qu'il soit partial pour la section dont il est le mandataire, parce que, si chacun est partial pour ses commettans, la partialité de chacun, réunie et conciliée, aura les avantages de l'impartialité de tous.

Les assemblées, quelque sectionnaire que puisse être leur composition, n'ont que trop de penchant à contracter un esprit de corps qui les isole de la nation. Placés dans la capitale, loin de la portion du peuple qui les a nommés, les représentans perdent de vue les usages, les besoins, la manière d'être du département qu'ils représentent ; ils deviennent dédaigneux et prodigues de ces choses : que sera-ce si ces organes des besoins publics sont affranchis de toute responsabilité locale (1), mis pour jamais au dessus des suffrages de leurs concitoyens, et choisis par un

---

(1) L'on sent bien qu'ici par le mot de responsabilité, je n'entends point une responsabilité légale, mais une responsabilité d'opinion.

corps placé, comme on le veut, au sommet de l'édifice constitutionel?

Plus un état est grand, et l'autorité centrale forte, plus un corps électoral unique est inadmissible, et l'élection directe indispensable. Une peuplade de cent mille hommes pourrait investir un Sénat du droit de nommer ses députés; des républiques fédératives le pourraient encore : leur administration intérieure ne courrait au moins pas de risques. Mais dans tout Gouvernement qui tend à l'unité, priver les fractions de l'état d'interprètes nommés par elle, c'est créer des corporations délibérant dans le vague, et concluant de leur indifférence pour les intérêts particuliers, à leur dévouement pour l'intérêt général.

Ce n'est pas le seul inconvénient de la nomination des mandataires du peuple par un Sénat.

Ce mode détruit d'abord l'un des plus grands avantages du gouvernement représentatif, qui est d'établir des relations fréquentes entre les diverses classes de la société. Cet avantage ne peut résulter que de l'élection directe. C'est cette élection qui nécessite, de la part des classes puissantes, des ménagemens soutenus envers les classes inférieures. Elle force la richesse à dissimuler son arrogance, le pouvoir à modérer son action, en plaçant dans le suffrage de la partie la moins opulente des propriétaires, une récompense pour la justice et pour la bonté, un châtiment contre l'oppression. Il ne faut pas renoncer légèrement à ce moyen journalier de bonheur et d'harmonie, ni dédaigner ce motif de bienfaisance, qui peut d'abord n'être qu'un calcul, mais qui, bientôt, devient une vertu d'habitude.

L'on se plaint de ce que les richesses se concentrent dans la capitale, et de ce que les campagnes sont épuisées par le tribut continuel qu'elles y portent, et qui ne leur revient jamais. L'élection directe repousse les propriétaires vers les propriétés, dont, sans elle, ils s'éloignent. Lorsqu'il n'ont que faire des suffrages du peuple, leur calcul se borne à retirer de leurs terres le produit le plus élevé. L'élection directe leur suggère un calcul plus noble, et bien plus utile à ceux qui vivent sous leur dépendance. Sans l'élection populaire, ils n'ont besoin que de crédit, et ce besoin les rassemble autour de l'autorité centrale. L'élection populaire leur donne le besoin de la popularité, et les reporte vers sa source, en fixant les racines de leur existence politique dans leurs possessions.

L'on a vanté quelquefois les bienfaits de la féodalité, qui retenait le seigneur au milieu de ses vassaux, et répartissait également l'opulence entre toutes les parties du territoire. L'élection populaire a le même effet désirable, sans entraîner les mêmes abus.

On parle sans cesse d'encourager, d'honorer l'agriculture et le travail. L'on essaye des primes que distribue le caprice, des décorations que l'opinion conteste. Il serait plus simple de donner de l'importance aux classes agricoles; mais cette importance ne se crée point par des décrets. La base en doit être placée dans l'intérêt de toutes les espérances à la reconnaître, de toutes les ambitions à la ménager.

En second lieu, la nomination par un sénat aux fonctions représentatives, tend à corrompre ou du moins à affaiblir le caractère des aspirans à ces fonctions éminentes.

Quelque défaveur que l'on jette sur la brigue, sur les efforts dont on a besoin pour captiver une multitude, ces choses ont des effets moins fâcheux que les tentatives détournées qui sont nécessaires pour se concilier un petit nombre d'hommes en pouvoir.

La brigue, dit Montesquieu, est dangereuse dans un sénat, elle est dangereuse dans un corps de nobles, elle ne l'est pas dans le peuple, dont la nature est d'agir par passion (1).

Ce que l'on fait pour entraîner une réunion nombreuse, doit paraître au grand jour, et la pudeur modère les actions publiques; mais lorsqu'on s'incline devant quelques hommes que l'on implore isolément, on se prosterne à l'ombre, et les individus puissans ne sont que trop portés à jouir de l'humilité des prières et des supplications obséquieuses.

---

(1) Esprit des Lois. II. 2. 3.

Il y a des époques où l'on redoute tout ce qui ressemble à de l'énergie : c'est quand la tyrannie veut s'établir, et que la servitude croit encore en profiter. Alors on vante la douceur, la souplesse, les talens occultes, les qualités privées, mais ce sont des époques d'affaiblissement moral. Que les talens occultes se fassent connaître, que les qualités privées trouvent leur récompense dans le bonheur domestique, que la souplesse ct la douceur obtiennent les faveur des grands. Aux hommes qui commandent l'attention, qui attirent le respect, qui ont acquis des droits à l'estime, à la confiance, à la reconnaissance du peuple, appartiennent les choix de ce peuple, et ces hommes plus énergiques seront aussi plus modérés.

On se figure toujours la médiocrité comme paisible, elle n'est paisible que lorsqu'elle est impuissante. Quand le hasard réunit beaucoup d'hommes médiocres, et les investit de quelque force, leur médiocrité est plus agitée, plus envieuse, plus convulsive dans sa marche que le talent, même lorsque les passions l'égarent. Les lumières calment les passions, adoucissent l'égoïsme, en rassurant la vanité.

L'un des motifs que j'ai allégués contre les colleges électoraux, milite avec une foree égale contre le mode de renouvellement qui avait jusqu'à ce jour été en usage pour nos assemblées et qu'heureusement la constitution actuelle vient d'abolir. Je veux parler de cette introduction périodique d'un tiers ou d'un cinquième, à l'aide de laquelle les nouveaux venus dans les corps représentatifs se trouvaient toujours en minorité.

Les renouvellemens des assemblées ont pour but non seulement d'empêcher les représentans de la nation de former une classe à part et séparée du reste du peuple, mais aussi de donner aux améliorations qui ont pu s'opérer dans l'opinion, d'une élection à l'autre, des interprêtes fidèles. Si l'on suppose les élections bien organisées, les élus d'une époque représenteront l'opinion plus fidèlement que ceux des époques précédentes.

N'est-il pas absurde de placer les organes de l'opinion existante en minorité devant l'opinion qui n'existe plus? La stabilité est sans doute désirable, aussi ne faut-il pas rapprocher à l'excès ces époques de renouvellement; car il est encore absurde de rendre les élections tellement fréquentes, que l'opinion n'ait pu s'éclairer durant l'intervalle qui les sépare. Nous avons d'ailleurs une assemblée héréditaire qui représente la durée. Ne mettons pas des élémens de discorde dans l'assemblée élective qui représente l'amélioration. La lutte de l'esprit conservateur et de l'esprit progressif est plus utile entre deux assemblées que dans le sein d'une seule; il n'y a pas alors de minorité qui se constitue conquérante; ses violences dans l'assemblée dont elle fait partie, échouent devant le calme de celle qui sanctionne ou rejette ses résolutions; l'irrégularité, la menace, ne sont plus des moyens d'empire sur une majorité qu'on effraie, mais des causes de déconsidération et de discrédit aux yeux des juges qui doivent prononcer.

Les renouvellemens par tiers ou par cinquième ont des inconvéniens graves, et pour la nation entière, et pour l'assemblée elle-même.

Bien qu'un tiers ou seulement un cinquiième puisse être nommé, toutes les espérances n'en sont pas moins mises en mouvement. Ce n'est pas la multiplicité des chances, mais l'existence d'une seule, qui éveille toutes les ambitions; et la difficulté même rend ces ambitions plus jalouses et plus hostiles. Le peuple est agité par l'élection d'un tiers ou d'un cinquième, comme par un renouvellement total. Dans les assemblées, les nouveaux venus sont opprimés la première année, et bientôt après ils deviennent oppresseurs. Cette vérité a été démontrée par quatre expériences successives (1).

Le souvenir de nos assemblées sans contrepoids nous inquiète et nous égare sans cesse. Nous croyons appercevoir dans toute assemblée une cause de désordre, et cette cause nous paraît plus puissante dans une assemblée renouvellée en entier. Mais plus le danger peut être réel, plus nous devons être scrupuleux sur la nature des précautions.

---

(1) Le tiers de l'an 4, (1796) fut opprimé.
Le tiers de l'an 5, (1797) fut chassé.
Le tiers de l'an 6, (1798) fut repoussé.
Le tiers de l'an 7 (1799) fut victorieux et destructeur.

Nous ne devons adopter que celles dont l'utilité est constatée, et dont le succès est assuré.

Le seul avantage que présentent les renouvellemens par tiers ou par cinquième, se trouve plus complet et dégagé de tout inconvénient dans la réélectiou indéfinie que notre constitution permet et que les constitutions précédentes avaient eu le tort d'exclure.

L'impossibilité de la réélection est, sous tous les rapports, une grande erreur. La chance d'une réélection non-interrompue offre seule au mérite une récompense digne de lui, et forme chez un peuple une masse de noms imposans et respectés. L'influence des individus ne se détruit poiut par des institutions jalouses; ce qui, à chaque époque, subsiste naturellement de cette influence, est nécessaire à cette époque. Ne dépossédons pas le talent par des lois envieuses. L'on ne gagne rien à éloigner ainsi les hommes distingués : la nature a voulu qu'ils prissent place à la tête des associations humaines; l'art des constitutions est de leur assigner cette place, sans que, pour y arriver, ils aient besoin de troubler la paix publique.

Rien n'est plus contraire à la liberté, et plus favorable en même tems au désordre, que l'exclusion forcée des représentans du peuple, après le terme de leurs fonctions. Autant il y a, dans les assemblées, d'hommes qui ne peuvent pas être réélus, autant il y aura d'hommes faibles qui voudront se faire le moins d'ennemis qu'il leur sera possible, afin d'obtenir des dédommagemens, ou de vivre en paix dans leur retraite. Si vous mettez obstacle à la réélection indéfinie, vous frustrez le génie et le courage du prix qui leur est dû; vous préparez des consolations et un triomphe à la lâcheté et à l'ineptie; vous placez sur la même ligne l'homme qui a parlé suivant sa conscience, et celui qui a servi les factions par son audace, ou l'arbitraire par sa complaisance. Les fonctions à vie, observe Montesquieu (1), ont cet avantage, qu'elles épargnent à ceux qui les remplissent ces intervalles de pusillanimité et de

(1) Esp. des Lois. V. ch. 7.

faiblesse qui précèdent, chez les hommes destinés à rentrer dans la classe des simples citoyens, l'expiration de leur pouvoir. La réélection indéfinie a le même avantage; elle favorise les calculs de la morale. Ces calculs seuls ont un succès durable; mais pour l'obtenir, ils ont besoin du tems.

Les hommes intègres, intrépides, expérimentés dans les affaires, sont-ils d'ailleurs assez nombreux pour qu'on doive repousser volontairement ceux qui ont mérité l'estime générale? Les talens nouveaux parviendront aussi; la tendance du peuple est à les accueillir; ne lui imposez à cet égard aucune contrainte, ne l'obligez pas, à chaque élection, à choisir de nouveaux venus qui auront leur fortune d'amour-propre à faire, et à conquérir la célébrité. Rien n'est plus cher pour une nation que les réputations à créer. Suivez de grands exemples : voyez l'Amérique, les suffrages du peuple n'ont cessé d'y entourer le fondateur de son indépendance; voyez l'Angleterre, des noms illustrés par des réélections non interrompues, y sont devenus en quelque sorte une propriété populaire.

Heureuses les nations fidèles et qui savent estimer long-tems !

Enfin notre nouvelle constitution s'est rapprochée des vrais principes, en substituant au salaire accordé jusqu'à ce jour aux représentans de la nation, une indemnité plus modique. C'est en dégageant les fonctions qui exigent le plus de noblesse d'ame, de tout calcul d'intérêt, qu'on élèvera la Chambre des Représentans au rang qui lui est destiné dans notre organisation constitutionnelle. Tout salaire, attaché aux fonctions représentatives, devient bientôt l'objet principal. Les candidats n'aperçoivent, dans ces fonctions augustes, que des occasions d'augmenter ou d'arranger leur fortune, des facilités de déplacement, des avantages d'économie. Les électeurs eux-mêmes se laissent entraîner à une sorte de pitié de coterie qui les engage à favoriser l'époux qui veut se mettre en ménage, le père mal aisé qui veut élever ses fils ou marier ses filles dans la capitale. Les créanciers nomment leurs débiteurs, les riches ceux de leurs parens qu'ils aiment mieux secourir aux dépens de l'Etat qu'à leurs propres frais. La nomination faite, il faut conserver ce qu'on a obtenu : et les moyens ressemblent au but. La spéculation s'achève par la flexibilité ou par le silence.

Payer les représentans du peuple, ce n'est pas leur donner un intérêt à exercer leurs fonctions avec scrupule, c'est seulement les intéresser à se conserver dans l'exercice de ces fonctions.

D'autres considérations me frappent.

Je n'aime pas les fortes conditions de propriété pour l'exercice des fonctions politiques. L'indépendance est toute relative : aussitôt qu'un homme a le nécessaire, il ne lui faut que de l'élévation dans l'âme pour se passer du superflu. Cependant il est desirable que les fonctions représentatives soient occupées, en général, par des hommes, sinon de la classe opulente, du moins dans l'aisance. Leur point de départ est plus avantageux, leur éducation plus soignée, leur esprit plus libre, leur intelligence mieux préparée aux lumières. La pauvreté a ses préjugés comme l'ignorance. Or, si vos représentans ne reçoivent aucun salaire, vous placez la puissance dans la propriété, et vous laissez une chance équitable aux exceptions légitimes.

Combinez tellement vos institutions et vos lois, dit Aristote, que les emplois ne puissent être l'objet d'un calcul intéressé ; sans cela, la multitude, qui, d'ailleurs, est peu affectée de l'exclusion des places éminentes, parce qu'elle aime à vaquer à ses affaires, enviera les honneurs et le profit. Toutes les précautions sont d'accord, si les magistratures ne tentent pas l'avidité. Les pauvres préféreront des occupations lucratives à des fonctions difficiles et gratuites. Les riches occuperont les magistratures, parce qu'ils n'auront pas besoin d'indemnités (1).

Ces principes ne sont pas applicables à tous les emplois dans les états modernes ; il en est qui exigent une fortune au-dessus de toute fortune particulière : mais rien n'empêche qu'on ne les applique aux fonctions représentatives.

Les Carthaginois avaient déjà fait cette distinction : toutes les magistratures nommées

---

(1) Aristote. Politique.

par le peuple étaient exercées sans indemnités. Les autres étaient salariées.

Dans une constitution où les non-propriétaires ne posséderaient pas les droits politiques, l'absence de tout salaire pour les représentans de la nation me semble naturelle. N'est-ce pas une contradiction outrageante et ridicule que de repousser le pauvre de la représentation nationale, comme si le riche seul devait le représenter, et de lui faire payer ses représentans, comme si ces représentans étaient pauvres?

La corruption qui naît de vues ambitieuses est bien moins funeste que celle qui résulte de calculs ignobles. L'ambition est compatible avec mille qualités généreuses, la probité, le courage, le désintéressement, l'indépendance : l'avarice ne saurait exister avec aucune de ces qualités. L'on ne peut écarter des emplois les hommes ambitieux : écartons-en du moins les hommes avides : par-là nous diminuerons considérablement le nombre des concurrens, et ceux que nous éloignerons seront précisément les moins estimables.

Mais une condition est nécessaire pour que

les fonctions représentatives puissent être gratuites; c'est qu'elles soient importantes: personne ne voudrait exercer gratuitement des fonctions puériles par leur insignifiance, et qui seraient honteuses, si elles cessaient d'être puériles: mais aussi, dans une pareille constitution, mieux vaudrait qu'il n'y eût point de fonctions représentatives.

CHAPITRE VI.

Des Conditions de Propriété.

Notre constitution n'a rien prononcé sur les conditions de propriété requises pour l'exercice des droits politiques, parce que ces droits, confiés à des colléges électoraux, sont par-là même entre les mains des propriétaires. Mais si l'on substituait à ces colléges l'élection directe, des conditions de propriété deviendraient indispensables.

Aucun peuple n'a considéré comme membres de l'état tous les individus résidant, de quelque manière que ce fût, sur son territoire. Il n'est pas ici question des distinctions qui, chez les anciens, séparaient les esclaves des hommes libres, et qui, chez les modernes, séparent les nobles des roturiers. La démocratie la plus absolue établit deux classes : dans l'une sont relégués les étrangers et ceux qui n'ont pas atteint l'âge prescrit par la loi pour exercer les droits de cité : l'autre est composée des hommes parvenus à cet âge, et nés dans le pays. Il existe donc un principe d'après lequel, entre des individus rassemblés sur un territoire, il en est qui sont membres de l'état, et il en est qui ne le sont pas.

Ce principe est évidemment que, pour être membre d'une association, il faut avoir un certain degré de lumières, et un intérêt commun avec les autres membres de cette association. Les hommes, au-dessous de l'âge légal, ne sont pas censés posséder ce degré de lumières ; les étrangers ne sont pas censés se diriger par cet intérêt. La preuve en est, que les premiers, en arrivant à l'âge déterminé par la loi, deviennent membres de l'association politique ; et que les seconds le deviennent par leur résidence, leurs propriétés ou leurs relations. L'on présume que ces choses donnent aux uns des lumières, aux autres l'intérêt requis.

Mais ce principe a besoin d'une extension ultérieure. Dans nos sociétés actuelles, la naissance dans le pays, et la maturité de l'âge, ne suffisent point pour conférer aux hommes les qualités propres à l'exercice des droits de cité. Ceux que l'indigence retient dans une éternelle dépendance, et qu'elle condamne à des travaux journaliers, ne sont ni plus éclairés que des enfans, sur les affaires publiques, ni plus intéressés que des étrangers à une prospérité nationale, dont ils ne connaissent pas les élémens, et dont ils ne partagent qu'indirectement les avantages.

Je ne veux faire aucun tort à la classe laborieuse. Cette classe n'a pas moins de patriotisme que les autres classes. Elle est prête souvent aux sacrifices les plus héroïques, et son dévouement est d'autant plus admirable, qu'il n'est récompensé ni par la fortune ni par la gloire. Mais autre est, je le pense, le patriotisme qui donne le courage de mourir pour son pays, autre est celui qui rend capable de bien connaître ses intérêts. Il faut donc une condition de plus que la naissance et l'âge prescrit par la loi. Cette condition, c'est le loisir indispensable à l'acquisition des lumières, à la rectitude du jugement. La propriété seule assure ce loisir : la propriété seule rend les hommes capables de l'exercice des droits politiques.

L'on peut dire que l'état actuel de la société, mêlant et confondant de mille manières les propriétaires et les non-propriétaires, donne à une partie des seconds les mêmes intérêts et les mêmes moyens qu'aux premiers; que l'homme qui travaille n'a pas moins que l'homme qui possède, besoin de repos et de sécurité; que les propriétaires ne sont de droit et de fait que les distributeurs des richesses communes entre tous les individus, et qu'il est de l'avantage de tous, que l'ordre et la paix favorisent le développement de toutes les facultés et de tous les moyens individuels.

Ces raisonnemens ont le vice de prouver trop. S'ils étaient concluans, il n'existerait plus aucun motif de refuser aux étrangers les droits de cité. Les relations commerciales de l'Europe font qu'il est de l'intérêt de la grande majorité européenne, que la tranquillité et le bonheur règnent dans tous les pays. Le bouleversement d'un empire, quel qu'il soit, est aussi funeste aux étrangers, qui, par leurs spéculations pécuniaires, ont lié leur fortune à cet empire, que ce bouleversement peut l'être à ses propres habitans, si l'on en excepte les propriétaires. Les faits le démontrent. Au milieu des guerres les plus cruelles, les négocians d'un pays font souvent des vœux, et quelquefois des efforts pour que la nation ennemie ne soit pas détruite. Néanmoins une considération si vague ne paraîtra pas suffisante pour élever les étrangers au rang de citoyens.

Remarquez que le but nécessaire des non-propriétaires, est d'arriver à la propriété : tous les moyens que vous leur donnerez, ils les emploieront dans ce but. Si à la liberté de facultés et d'industrie que vous leur devez, vous joignez les droits politiques que vous ne leur devez pas, ces droits dans les mains du plus grand nombre, serviront infailliblement à envahir la propriété. Ils y marcheront par cette route irrégulière, au lieu de suivre la route naturelle, le travail : ce sera pour eux une source de corruption, pour l'état une source de désordres. Un écrivain célèbre a fort bien observé que, lorsque les non-propriétaires ont des droits politiques, de trois choses il en arrive une ; ou ils ne reçoivent d'impulsion que d'eux-mêmes, et alors ils détruisent la société ; ou ils reçoivent celle de l'homme ou des hommes en pouvoir, et ils sont des instrumens de tyrannie; ou ils reçoivent celles des aspirans au pouvoir, et ils sont des instrumens de factions. Il faut donc des conditions de propriété; il en faut également pour les électeurs et pour les éligibles.

Dans tous les pays qui ont des assemblées représentatives, il est indispensable que ces assemblées, quelle que soit d'ailleurs leur organisation ultérieure, soient composées de propriétaires. Un individu, par un mérite éclatant, peut captiver la foule : mais les corps ont besoin pour se concilier la confiance, d'avoir des intérêts évidemment conformes à leurs devoirs. Une nation présume toujours que des homme réunis sont guidés par leurs intérêts. Elle se croit sûre que l'amour de l'ordre, de la justice et de la conservation aura la majorité parmi les propriétaires. Ils ne sont donc pas utiles seulement par les qualités qui leur sont propres; ils le sont encore par les qualités qu'on leur attribue, par la prudence qu'on leur suppose et par les préventions favorables qu'ils inspirent. Placez au nombre des législateurs, des non-propriétaires, quelque bien intentionnés qu'ils soient, l'inquiétude des propriétaires entravera toutes leurs mesures. Les lois les plus sages seront soupçonnées, et par conséquent désobéies, tandis que l'organisation opposée aurait concilié l'assentiment populaire, même à un gouvernement défectueux à quelques égards.

Durant notre révolution, les propriétaires ont, il est vrai, concouru avec les non-propriétaires à faire des lois absurdes et spoliatrices. C'est que les propriétaires avaient peur des non-propriétaires revêtus du pouvoir. Ils voulaient se faire pardonner leur propriété. La crainte de perdre ce qu'on a, rend pusillanime, et l'on imite alors la fureur de ceux qui veulent acquérir ce qu'ils n'ont pas. Les fautes ou les crimes des propriétaires furent une suite de l'influence des non-propriétaires.

Mais quelles sont les conditions de propriété qu'il est équitable d'établir ?

Une propriété peut être tellement restreinte, que celui qui la possède ne soit propriétaire qu'en apparence. Quiconque n'a pas en revenu territorial, dit un écrivain, qui a parfaitement traité cette matière (1), la somme suffisante pour exister pendant l'année, sans être tenu de travailler pour autrui, n'est pas entièrement propriétaire. Il se retrouve, quant à la portion de propriété qui lui manque, dans la classe des salariés. Les propriétaires sont maîtres de son existence, car ils peuvent lui refuser le travail. Celui qui possède le revenu nécessaire pour exister indépendamment de toute volonté étrangère, peut donc seul exercer les droits de cité. Une condition de propriété inférieure est illusoire : une condition de propriété plus élevée est injuste.

Je pense néanmoins qu'on doit reconnaître pour propriétaire, celui qui tient à long bail une ferme d'un revenu suffisant. Dans l'état actuel des propriétés en France, le fermier qui ne peut être expulsé, est plus réellement propriétaire que le citadin qui ne l'est qu'en apparence d'un bien qu'il afferme. Il est donc juste d'accorder à l'un les mêmes droits qu'à l'autre. Si l'on objecte qu'à la fin du bail le fermier perd

---

(1) M. Garnier.

sa qualité de propriétaire, je répondrai que par mille accidens, chaque propriétaire peut, d'un jour à l'autre, perdre sa propriété.

L'on remarquera que je ne parle que de la propriété foncière, et l'on observera peut-être qu'il existe plusieurs classes de propriété, et que celle du sol ne forme qu'une de ces classes. La constitution même reconnaît ce principe, puisqu'elle accorde des représentans, non-seulement au territoire, mais à l'industrie.

J'avoue que, si le résultat de cette disposition eut été de mettre de pair la propriété foncière et la propriété industrielle, je n'aurais pas hésité à la blâmer.

La propriété industrielle manque de plusieurs des avantages de la propriété foncière, et ces avantages sont précisément ceux dont se compose l'esprit préservateur, nécessaire aux associations politiques.

La propriété foncière influe sur le caractère et la destinée de l'homme, par la nature même des soins qu'elle exige. Le cultivateur se livre à des occupations constantes et progressives. Il contracte ainsi la régularité dans ses habitudes. Le hasard, qui, en morale, est une grande source de désordre, n'est jamais de rien dans la vie de l'agriculteur. Toute interruption lui est nuisible : toute imprudence lui est une perte assurée. Ses succès sont lents : il ne peut les acheter que par le travail. Il ne peut les hâter ni les accroître par d'heureuses témérités. Il est dans la dépendance de la nature et dans l'indépendance des hommes. Toutes ces choses lui donnent une disposition calme, un sentiment de sécurité, un esprit d'ordre, qui l'attachent à la vocation à laquelle il doit son repos autant que sa subsistance.

La propriété industrielle n'influe sur l'homme que par le gain positif qu'elle lui procure ou lui promet; elle met dans sa vie moins de régularité; elle est plus factice et moins immuable que la propriété foncière. Les opérations dont elle se compose consistent souvent en transactions fortuites; ses succès sont plus rapides, mais le hasard y entre pour beaucoup. Elle n'a pas pour élément nécessaire cette progression lente et sûre, qui crée l'habitude et bientôt le besoin de l'uniformité. Elle ne rend pas l'homme indépendant des autres hommes : elle le place au contraire dans leur dépendance. La vanité, ce germe fécond d'agitations politiques, est fréquemment blessée dans le propriétaire industriel : elle ne l'est presque jamais dans l'agriculteur (1). Ce dernier calcule en paix l'ordre des saisons, la nature du sol, le caractère du climat. L'autre calcule les fantaisies, l'orgueil, le luxe des riches. Une ferme est une patrie en diminutif. L'on y nait, l'on y est élevé, l'on y grandit avec les arbres qui l'entourent. Dans la propriété industrielle, rien ne parle à l'imagination, rien aux souvenirs, rien à la partie morale de l'homme. On n'a jamais dit la boutique ou l'atelier de mes pères. Les améliorations à la propriété teritoriale ne peuvent se séparer du sol qui les reçoit, et dont elles deviennent partie. La propriété industrielle n'est pas susceptible d'amélioration, mais d'accroissement, et cet accroissement peut se transporter à volonté.

---

(1) Pius questus, dit Caton l'ancien de l'agriculture, stabilissimus, minime que invidiosus, minime que que male cogitantes qui in eo studio occupatisunt.

Sous le rapport des facultés intellectuelles, l'agriculteur a sur l'artisan une grande supériorité. L'agriculture exige une suite d'observations, d'expériences qui forment et développent le jugement (1) : del-à dans les paysans ce sens juste et droit qui nous étonne. Les professions industrielles se bornent souvent, par la division du travail, à des opérations méchaniques.

La propriété foncière enchaîne l'homme au pays qu'il habite, entoure les déplacemens d'obstacles, crée le patriotisme par l'intérêt. L'industrie rend tous les pays à peu près égaux, facilite les déplacemens, sépare l'intérêt d'avec le patriotisme. Cet avantage de la propriété foncière, ce désavantage de la propriété industrielle, sous le rapport politique, augmentent en raison de ce que la valeur de la propriété diminue. Un artisan ne perd presque rien à se déplacer. Un petit propriétaire foncier se ruine en s'expatriant. Or c'est surtout par les classes inférieures des propriétaires, qu'il faut juger les effets des différentes

(1) Smith. Richesse des Nations I. 10.

espèces de propriété, puisque ces classes forment le grand nombre.

Indépendamment de cette prééminence morale de la propriété foncière, elle est favorable à l'ordre public, par la situation même dans laquelle elle place ses possesseurs. Les artisans entassés dans les villes sont à la merci des factieux : les agriculteurs dispersés dans les campagnes sont presque impossibles à réunir, et par conséquent à soulever.

Ces vérités ont été senties par Aristote. Il a fait ressortir, avec beaucoup de force, les caractères distinctifs des classes agricoles et des classes mercantiles, et il a décidé en faveur des premières.

Sans doute la propriété industrielle a de grands avantages. L'industrie et le commerce ont créé pour la liberté un nouveau moyen de défense, le crédit. La propriété foncière garantit la stabilité des institutions; la propriété industrielle assure l'indépendance des individus.

Ainsi le refus des droits politiques à ces commerçans, dont l'activité et l'opulence doublent la prospérité du pays qu'ils habitent, serait une injustice, et de plus une imprudence, car ce serait mettre la richesse en opposition avec le pouvoir.

Mais si l'on réfléchit, l'on appercevra facilement que l'exclusion n'atteint point ceux des propriétaires industriels qu'il serait fâcheux d'exclure : ils sont presque tous en même tems propriétaires-fonciers. Quant à ceux qui n'ont de propriété que leur industrie, voués qu'ils sont par une nécessité qu'aucune institution ne vaincra jamais, à des occupations méchaniques, ils sont privés de tout moyen de s'instruire, et peuvent, avec les intentions les plus pures, faire porter à l'état la peine de leurs inévitables erreurs. Ces hommes, il faut les respecter, les protéger, les garantir de toute vexation de la part du riche, écarter toutes les entraves qui pèsent sur leurs travaux, applanir, autant qu'il est possible, leur laborieuse carrière, mais non les transporter dans une sphère nouvelle, où leur destinée ne les appelle pas, où leur concours est inutile, où leurs passions seraient menaçantes, et leur ignorance dangereuse.

Notre constitution néanmoins a voulu

pousser à l'excès sa sollicitude pour l'industrie. Elle a créé pour elle une représentation spéciale : mais elle a sagement borné le nombre des représentans de cette classe au vingt-septième environ de la représentation générale.

Quelques publicistes ont cru reconnaître qu'il y avait une troisième espèce de propriété. Ils l'ont nommée intellectuelle, et ils ont défendu leur opinion d'une manière assez ingénieuse. Un homme distingué dans une profession libérale, ont-ils dit, un jurisconsulte, par exemple, n'est pas attaché moins fortement au pays qu'il habite que le propriétaire territorial. Il est plus facile à ce dernier d'aliéner son patrimoine qu'il ne le serait au premier de déplacer sa réputation. Sa fortune est dans la confiance qu'il inspire. Cette confiance tient à plusieurs années de travail, d'intelligence, d'habileté, aux services qu'il a rendus, à l'habitude qu'on a contracté de recourir à lui dans des circonstances difficiles, aux connaissances locales que sa longue expérience a rassemblées. L'expatriation le priverait de ces avantages. Il serait ruiné par cela seul qu'il se présenterait inconnu sur une terre étrangère.

Mais cette propriété qu'on nomme intellectuelle, ne réside que dans l'opinion. S'il est permis à tous de se l'attribuer, tous la réclameront sans doute, car les droits politiques deviendront non-seulement une prérogative sociale, mais une attestation de talent, et se les refuser, serait un acte rare de désintéressement à-la-fois et de modestie. Si c'est l'opinion des autres qui doit conférer cette propriété intellectuelle, l'opinion des autres ne se manifeste que par le succès et par la fortune qui en est le résultat nécessaire. Alors la propriété sera naturellement le partage des hommes distingués dans tous les genres.

Mais il y a des considérations d'une plus haute importance à faire valoir. Les professions libérales demandent plus que toutes les autres peut-être, pour que leur influence ne soit pas funeste dans les discussions politiques, d'être réunies à la propriété. Ces professions, si recommandables à tant de titres, ne comptent pas toujours au nombre de leurs avantages celui de mettre dans les idées cette justesse pratique nécessaire pour prononcer sur les intérêts positifs des hommes. L'on a vu, dans notre révolution, des littérateurs, des mathématiciens, des chimistes, se livrer aux opinions les plus exagérées, non que sous d'autres rapports ils ne fussent éclairés ou estimables; mais ils avaient vécu loin des hommes; les uns s'étaient accoutumés à s'abandonner à leur imagination; les autres à ne tenir compte que de l'évidence rigoureuse; les troisièmes à voir la nature, dans la reproduction des êtres, faire l'avance de la destruction. Ils étaient arrivés par des chemins dissemblables au même résultat, celui de dédaigner les considérations tirées des faits, de mépriser le monde réel et sensible, et de raisonner sur l'état social en enthousiastes, sur les passions en géometres, sur les douleurs humaines en physiciens.

Si ces erreurs ont été le partage d'hommes supérieurs, quels ne seront pas les égaremens des candidats subalternes, des prétendans malheureux? Combien n'est-il pas urgent de mettre un frein aux amour-propres blessés, aux vanités aigries, à toutes ces causes d'amertume, d'agitation, de mécontentement, contre une société dans laquelle on se trouve déplacé, de haine contre des hommes qui paraissent d'injustes appréciateurs ! Tous les travaux intellectuels sont honorables sans doute : tous doivent être respectés. Notre premier attribut, notre faculté distinctive, c'est la pensée. Quiconque en fait usage, a droit à notre estime, même indépendamment du succès. Quiconque l'outrage ou la repousse, abdique le nom d'homme, et se place en dehors de l'espèce humaine. Cependant chaque science donne à l'esprit de celui qui la cultive, une direction exclusive qui devient dangereuse dans les affaires politiques, à moins qu'elle ne soit contre-balancée. Or, le contrepoids ne peut se trouver que dans la propriété. Elle seule établit entre les hommes des liens uniformes. Elle les met en garde contre le sacrifice imprudent du bonheur et de la tranquillité des autres, en enveloppant dans ce sacrifice leur propre bien-être, et en les obligeant à calculer pour eux-mêmes. Elles les fait descendre du haut des théories chimériques et des exagérations inapplicables, en établissant entre eux et le reste des membres de l'association, des relations nombreuses et des intérêts communs.

Et qu'on ne croie pas cette précaution utile seulement pour le maintien de l'ordre; elle ne l'est pas moins pour celui de la liberté. Par une réunion bizarre, les sciences qui, dans les agitations politiques, disposent quelquefois les hommes à des idées de liberté impossibles, les rendent d'autrefois indifférens et serviles sous le despotisme. Les savans proprement dits sont rarement froissés par le pouvoir même injuste. Il ne hait que la pensée. Il aime assez les sciences comme moyens pour les gouvernans, et les beaux-arts comme distractions pour les gouvernés. Ainsi la carrière que suivent les hommes dont les études n'ont aucun rapport avec les intérêts actifs de la vie, les garantissant des vexations d'une autorité qui ne voit jamais en eux des rivaux, ils s'indignent souvent trop peu des abus de pouvoir qui ne pèsent que sur d'autres classes.

CHAPITRE VII.

De la Discussion dans les Assemblées représentatives.

Nous devons à la constitution actuelle une amélioration importante, le rétablissement de la discussion publique dans les assemblées.

La constitution de l'an 8 l'avait interdite : la charte royale ne l'avait permise qu'avec beaucoup de restrictions, pour l'une des chambres, et avait entouré toutes les délibérations de l'autre d'un mystère qu'aucun motif raisonnable ne pouvait expliquer. Nous sommes revenus à des idées simples. Nous avons senti que l'on ne s'assemblait que dans l'espoir de s'entendre, que pour s'entendre il fallait parler, et que des mandataires n'étaient pas autorisés, sauf quelques exceptions rares et courtes, à disputer à leurs commettans le droit de savoir comment ils traitaient leurs intérêts.

Un article qui paraît d'abord minutieux, et qu'on a blâmé dans la constitution qui va nous régir, contribuera puissamment à ce que les discussions soient utiles. C'est celui qui défend les discours écrits. Il est plus réglementaire que constitutionnel, j'en conviens : mais l'abus de ces discours a eu tant d'influence, et a tellement dénaturé la marche de nos assemblées, qu'il est heureux qu'on y porte enfin remède.

Ce n'est que lorsque les orateurs sont obligés de parler d'abondance, qu'une véritable discussion s'engage. Chacun frappé des raisonnemens qu'il vient d'entendre, est conduit naturellement à les examiner. Ces raisonnemens font impression sur son esprit, même à son insu. Il ne peut les bannir de sa mémoire : les idées qu'il a rencontrées s'amalgament avec celles qu'il apporte, les modifient, et lui suggèrent des réponses qui présentent les questions sous leurs divers points de vue.

Quand les orateurs se bornent à lire ce qu'ils ont écrit dans le silence de leur cabinet, ils ne discutent plus, ils amplifient : ils n'écoutent point, car ce qu'ils entendraient ne doit rien changer à ce qu'ils vont dire : ils attendent que celui qu'ils doivent remplacer, ait fini : ils n'examinent pas l'opinion qu'il défend, ils comptent le tems qu'il emploie, et qui leur paraît un retard. Alors il n'y a plus de discussion, chacun reproduit des objections déjà réfutées; chacun laisse de côté tout ce qu'il n'a pas prévu, tout ce qui dérangerait son plaidoyer terminé d'avance. Les orateurs se succèdent sans se rencontrer; s'ils se refutent, c'est par hasard : ils ressemblent à deux armées qui défileraient en sens opposé, l'une à côté de l'autre, s'apercevant à peine, évitant même de se regarder, de peur de sortir de la route irrévocablement tracée.

Cet inconvénient d'une discussion qui se compose de discours écrits, n'est ni le seul, ni le plus à craindre; il en est un beaucoup plus grave.

Ce qui parmi nous, menace le plus et le bon ordre et la liberté, ce n'est pas l'exagération, ce n'est pas l'erreur, ce n'est pas l'ignorance, bien que toutes ces choses ne nous manquent pas : c'est le besoin de faire effet. Ce besoin qui dégénère en une sorte de fureur, est d'autant plus dangereux, qu'il n'a pas sa source dans la nature de l'homme, mais est une création sociale, fruit tardif et factice d'une vieille civilisation et d'une capitale immense. En conséquence, il ne se modère pas lui-même, comme toutes les passions naturelles qu'use leur propre durée. Le sentiment ne l'arrête point, car il n'a rien de commun avec le sentiment : la raison ne peut rien contre lui, car il ne s'agit pas d'être convaincu, mais de convaincre. La fatigue même ne le calme pas; car celui qui l'éprouve ne consulte pas ses propres sensations, mais observe celles qu'il produit sur d'autres. Opinions, éloquence, émotions, tout est moyen, et l'homme lui-même se métamorphose en un instrument de sa propre vanité.

Dans une nation tellement disposée, il faut, le plus qu'il est possible, enlever à la médiocrité l'espoir de produire un effet quelconque, par des moyens à sa portée : je dis un effet quelconque, car notre vanité est humble, en même tems qu'elle est effrenée : elle aspire à tout, et se contente de peu. A la voir exposer ses prétentions, on la dirait insatiable : à la voir se repaître des plus petits succès, on admire sa frugalité.

Appliquons ces vérités à notre sujet. Voulez-vous que nos assemblées représentatives soient raisonnables? Imposez aux hommes qui veulent y briller, la nécessité d'avoir du talent. Le grand nombre se réfugiera dans la raison, comme pis aller; mais si vous ouvrez à ce grand nombre une carrière où chacun puisse faire quelques pas, personne ne voudra se refuser cet avantage. Chacun se donnera son jour d'éloquence, et son heure de célébrité. Chacun pouvant faire un discours écrit ou le commander, prétendra marquer son existence législative, et les assemblées deviendront des académies, avec cette différence, que les harangues académiques y décideront et du sort, et des propriétés, et même de la vie des citoyens.

Je me refuse à citer d'incroyables preuves de ce désir de faire effet, aux époques les plus déplorables de notre révolution. J'ai vu des représentans chercher des sujets de discours, pour que leur nom ne fût pas étranger aux grands mouvemens qui avaient eu lieu: le sujet trouvé, le discours écrit, le résultat leur était indifférent. En bannissant les discours écrits, nous créerons dans nos assemblées ce qui leur a toujours manqué, cette majorité silencieuse, qui, disciplinée, pour ainsi dire, par la supériorité des hommes de talent, est réduite à les écouter faute de pouvoir parler à leur place; qui s'éclaire, parce qu'elle est condamnée à être modeste, et qui devient raisonnable en se taisant.

La présence des ministres dans les assemblées achèvera de donner aux discussions le caractère qu'elles doivent prendre. Les ministres discuteront eux-mêmes les décrets nécessaires à l'administration : ils apporteront des connaissances de fait que l'exercice seul du gouvernement peut donner. L'opposition ne paraîtra pas une hostilité, la persistance ne dégénérera pas en obstination. Le gouvernement cédant aux objections raisonnables, amendera les propositions sanctionnées, expliquera les rédactions obscures. L'autorité pourra, sans être compromise, rendre un juste hommage à la raison, et se défendre elle-même par les armes du raisonnement.

Toutefois nos assemblées n'atteindront le degré de perfection, dont le système représentatif est susceptible, que lorsque les ministres, au lieu d'y assister comme ministres, en seront membres eux-mêmes par l'élection nationale. C'était une grande erreur de nos constitutions précédentes, que cette incompatibilité établie entre le ministère et la représentation.

Lorsque les représentans du peuple ne peuvent jamais participer au pouvoir, il est à craindre qu'ils ne le regardent comme leur ennemi naturel. Si au contraire les ministres peuvent être pris dans le sein des assemblées, les ambitieux ne dirigeront leurs efforts que contre les hommes, et respecteront l'institution. Les attaques ne portant que sur les individus, seront moins dangereuses pour l'ensemble. Nul ne voudra briser un instrument dont il pourra conquérir l'usage, et tel qui chercherait à diminuer la force du pouvoir exécutif, si cette force devait toujours lui rester étrangère, la ménagera, si elle peut devenir un jour sa propriété.

Nous en voyons l'exemple en Angleterre. Les ennemis du ministère contemplent dans son pouvoir leur force et leur autorité future; l'opposition épargne les prérogatives du gouvernement comme son héritage, et respecte ses moyens à venir dans ses adversaires présens. C'est un grand vice, dans une constitution, que d'être placée entre les partis, de manière que l'un ne puisse arriver à l'autre qu'à travers la constitution. C'est cependant ce qui a lieu, lorsque le pouvoir exécutif, mis hors la portée des législateurs, est pour eux toujours un obstacle et jamais une espérance.

On ne peut se flatter d'exclure les factions d'une organisation politique, où l'on veut conserver les avantages de la liberté. Il faut donc travailler à rendre ces factions le plus innocentes qu'il est possible, et comme elles doivent quelquefois être victorieuses, il faut d'avance, prévenir ou adoucir les inconvéniens de leur victoire.

Quand les ministres sont membres des assemblées, ils sont plus facilement attaqués, s'ils sont coupables; car sans qu'il soit besoin de les dénoncer, il suffit de leur répondre: ils se disculpent aussi plus facilement, s'ils sont innocens, puisqu'à chaque instant ils peuvent expliquer et motiver leur conduite.

En réunissant les individus, sans cesser de

distinguer les pouvoirs, on constitue un gouvernement en harmonie, au lieu de créer deux camps sous les armes.

Il en résulte encore qu'un ministre inepte ou suspect ne peut garder la puissance. En Angleterre, le ministre perd de fait sa place, s'il se trouve en minorité. (1)

---

(1) M. Pitt a fait exception à cette règle pendant deux mois, en 1784. Mais c'est que la nation entière était pour son ministère, contre la chambre des communes.

CHAPITRE VIII.

De l'Initiative.

L'on a mal compris, ce me semble, le sens de l'article constitutionnel qui a rapport à l'initiative. La charte royale la refusait presqu'entièrement aux chambres qu'elle avait créées. Ce n'était que par une extension, pour ainsi dire illégale, que les députés s'étaient emparés de la faculté de développer en public leurs propositions, et les ministres annonçaient le projet de leur disputer ce privilége. Lorsqu'une proposition était accueillie, des formes lentes et embarassées entravaient sa marche. En un mot, le droit de proposition n'était dans la constitution de 1814, qu'une ressource insuffisante, contraire à l'intention de la constitution même, et toujours en danger d'être supprimée par une interprétation plus rigoureuse de cette constitution.

Dans notre acte constitutionel, au contraire, une seule différence distingue l'initiative des chambres de celle dont le parlement d'Angleterre est investi : le chef de l'état n'est pas obligé de prononcer son *veto* : le silence en tient lieu. Mais quand l'opinion publique réclame l'adoption d'une proposition populaire, un gouvernement représentatif peut-il long-tems lui opposer le silence ? le caractère d'un tel gouvernement n'est-il pas d'être dirigé par l'opinion ? l'initiative est donc, par le fait, complettement rendue aux représentans de la nation, qui peuvent même reproduire leurs propositions aussi souvent qu'ils le jugent convenable, droit que l'article 21 de la charte royale leur avait enlevé.

Mon opinion sur l'initiative n'a nullement changé : elle me parait, comme il y a un an, une partie nécessaire des attributions de la représentation nationale (1). Elle ne peut sans doute être refusée aux ministres ; il leur appartient d'indiquer les désirs du gou-

---

(1) Réfl. sur les Constitutions et les garanties, p. 49—53.

vernement, comme les députés indiquent le vœu du peuple ; mais il arrivera naturellement que le gouvernement n'exercera presque jamais son initiative. Les ministres, siégeant dans les chambres, au nombre des représentans, feront en cette qualité les propositions qu'exigeront les circonstances ou les besoins de l'Etat. Le gouvernement sentira qu'il est de sa dignité d'attendre plutôt que de devancer. Quand il propose des projets de loi, c'est lui qui se soumet au jugement des chambres : quand il attend la proposition des chambres, il devient leur juge.

Laissons durant ces premiers momens, notre méchanisme constitutionnel s'établir et se simplifier par l'usage et l'habitude. On multiplie les difficultés en croyant les prévenir : on les crée, lorsqu'on transforme en griefs des incertitudes qui tiennent à l'ignorance. Mettons de bonne foi la constitution en activité; au lieu de l'ébranler par des changemens prématurés, voyons si l'emploi de ce qui existe ne nous offre pas les mêmes avantages. Tant qu'on n'a pas essayé d'une constitution par la pratique, les formes sont une lettre morte : la pratique seule en démontre l'effet et en détermine le sens. Nous n'avons que trop souvent abattu l'édifice sous prétexte de le reconstruire : profitons désormais des lumières qui ne s'acquièrent que par les faits, afin de pourvoir graduellement à tous les besoins partiels, avec mesure, avec sagesse, avec lenteur, à l'aide du tems, le plus doux et le plus puissant des auxiliaires.

CHAPITRE IX.

De la Responsabilité des Ministres.

La constitution actuelle est peut-être la seule qui ait établi sur la responsabilité des ministres, des principes parfaitement applicables et suffisamment étendus.

Les ministres peuvent encourir l'accusation, et mériter d'être poursuivis, de trois manières :

1°. Par l'abus ou le mauvais emploi de leur pouvoir légal.

2°. Par des actes illégaux, préjudiciables à l'intérêt public, sans rapport direct avec les particuliers.

3°. Par des attentats contre la liberté, la sûreté, et la propriété individuelle.

J'ai prouvé dans un ouvrage qui a paru il y a trois mois, que cette dernière espèce de délit n'ayant aucun rapport avec les attributions dont les ministres sont revêtus légalement, ils rentraient à cet égard dans la classe des citoyens, et devaient être justiciables des tribunaux ordinaires.

Il est certain que si un ministre, dans un accès de passion, enlevait une femme, ou si dans un accès de colère, il tuait un homme, il ne devrait pas être accusé comme ministre, d'une manière particulière, mais subir, comme violateur des lois communes, les poursuites auxquelles son crime serait soumis par les lois communes, et dans les formes prescrites par elles.

Or, il en est de tous les actes que la loi réprouve, comme de l'enlèvement et de l'homicide. Un ministre qui attente illégalement à la liberté ou à la propriété d'un citoyen, ne pêche pas comme ministre; car aucune de ses attributions ne lui donne le droit d'attenter illégalement à la liberté ou à la propriété d'un individu. Il rentre donc dans la classe des autres coupables, et doit être poursuivi et puni comme eux.

Il faut remarquer qu'il dépend de chacun de nous d'attenter à la liberté individuelle. Ce n'est point un privilège particulier aux Ministres. Je puis, si je veux, soudoyer quatre hommes pour attendre mon ennemi au coin d'une rue, et l'entraîner dans quelque réduit obscur où je le tienne enfermé à l'insçu de tout le monde. Le Ministre qui fait enlever un citoyen, sans y être autorisé par la loi, commet le même crime. Sa qualité de Ministre est étrangère à cet acte, et n'en change point la nature. Car, encore une fois, cette qualité ne lui donnant pas le droit de faire arrêter les citoyens, au mépris de la loi et contre ses dispositions formelles, le délit qu'il commet rentre dans la même classe que l'homicide, le rapt, ou tout autre crime privé.

Sans doute la puissance légitime du Ministre lui facilite les moyens de commettre des actes illégitimes; mais cet emploi de sa puissance n'est qu'un délit de plus. C'est comme si un individu forgeait une nomination de Ministre, pour en imposer à ses agens. Cet individu supposerait une mission, et s'arrogerait un pouvoir dont il ne serait pas investi. Le Ministre qui ordonne un acte illégal, se prétend de même revêtu d'une autorité qui ne lui a pas été conférée. En conséquence pour tous les délits dont les individus sont les victimes, ils doivent avoir une action directe contre les Ministres.

On a voulu disputer aux tribunaux ordinaires le droit de prononcer sur les accusations de cette nature. L'on a tour-à-tour argué de la faiblesse des tribunaux qui craindraient de sévir contre des hommes puissans, et de l'inconvénient de confier à ces tribunaux ce qu'on a nommé les secrets de l'état.

Cette dernière objection tient à d'anciennes idées. C'est un reste du système dans lequel on admettait que la sûreté de l'Etat pouvait exiger des actes arbitraires. Alors, comme l'arbitraire ne peut se motiver, puisqu'il suppose l'absence des faits et des preuves qui auraient rendu la loi suffisante, on prétend que le secret est indispensable. Quand un Ministre a fait arrêter et détenir illégalement un citoyen, il est tout simple que ses apologistes attribuent cette vexation à des raisons secrètes, qui sont à la connaissance du Ministre seul, et qu'il ne peut révéler sans compromettre la sûreté publique. Quant à moi, je ne connais pas de sûreté publique sans garantie individuelle. Je crois que la sûreté publique est surtout compromise, quand les citoyens voient dans l'autorité un péril, au lieu d'une sauve-garde. Je crois que l'arbitraire est le véritable ennemi de la sûreté publique; que les ténèbres dont l'arbitraire s'enveloppe, ne font qu'aggraver ses dangers; qu'il n'y a de sûreté publique que dans la justice, de justice que par les lois, de lois que par les formes. Je crois que la liberté d'un seul citoyen intéresse assez le corps social, pour que la cause de toute rigueur exercée contre lui doive être connue par ses juges naturels. Je crois que tel est le but principal, le but sacré de toute institution politique, et que comme aucune constitution ne peut trouver ailleurs une légitimité complète, ce serait en vain qu'elle chercherait ailleurs une force et une durée certaine.

Que si l'on prétend que les tribunaux seront trop faibles contre les agens coupables, c'est qu'on se représente ces tribunaux dans l'état d'incertitude, de dépendance, et de terreur dans lequel la révolution les avait placés. Des gouvernemens inquiets sur leurs droits, menacés dans leurs intérêts, produits malheureux des factions, et déplorables héritiers de là haine que ces factions avaient inspirée, ne pouvaient ni créer ni souffrir des tribunaux indépendans.

Notre constitution, en rendant inamovibles dès ce moment tous les juges qui seront nommés désormais, leur donne une indépendance dont ils ont trop long-tems été privés. Ils sauront qu'en jugeant des ministres, comme en jugeant d'autres accusés, ils ne peuvent encourir aucune animadversion constitutionnelle, qu'ils ne bravent aucun danger, et de leur sécurité naîtra tout-à-la-fois l'impartialité, la modération et le courage.

Ce n'est pas que les représentans de la nation n'ayent aussi le droit et le devoir de s'élever contre les attentats que les ministres peuvent porter à la liberté, si les citoyens qui en sont victimes n'osent faire entendre leurs réclamations. L'article qui permet l'accusation contre les ministres, pour avoir compromis la sûreté ou l'honneur de l'état, assure à nos mandataires la faculté de les accuser, s'ils introduisent dans le gouvernement ce qu'il y a de plus contraire à la sûreté et à l'honneur de tout gouvernement, je veux dire l'arbitraire. L'on ne peut refuser au citoyen le droit d'exiger la réparation du tort qu'il éprouve : mais il faut aussi que les hommes investis de sa confiance, puissent prendre sa cause en main. Cette double garantie est légitime et indispensable.

Notre constitution la consacre implicitement. Il restera maintenant à la concilier par la législation avec la garantie qu'on doit aussi aux ministres, qui, plus exposés que de simples particuliers, au dépit des passions blessées, doivent trouver dans les lois et dans les formes une protection équitable et suffisante.

Il n'en est pas de même des actes illégaux, préjudiciables à l'intérêt public, sans rapport direct avec les particuliers, ou du mauvais emploi du pouvoir dont les ministres sont légalement investis.

Il y a beaucoup d'actes illégaux qui ne mettent en péril que l'intérêt général. Il est clair que ces actes ne peuvent être dénoncés et poursuivis que par les assemblées représentatives. Aucun individu n'a l'intérêt ni le droit de s'en attribuer la poursuite.

Quant à l'abus du pouvoir légal dont les ministres sont revêtus, il est plus clair encore que les représentans du peuple sont seuls en état de juger si l'abus existe, et qu'un tribunal particulier, possédant une autorité particulière, est seul à même de prononcer sur la gravité de cet abus.

Notre constitution est donc éminemment sage, lorsqu'elle accorde à nos représentans la plus grande latitude dans leurs accusations, et lorsqu'elle confère un pouvoir discrétionnaire au tribunal qui doit prononcer.

Il y a mille manières d'entreprendre injustement ou inutilement une guerre, de diriger avec trop de précipitation, ou trop de lenteur, ou trop de négligence la guerre entreprise, d'apporter trop d'inflexibilité ou trop de faiblesse dans les négociations, d'ébranler le crédit, soit par des opérations hasardées, soit par des économies mal conçues, soit par des infidélités déguisées sous différens noms. Si chacune de ces manières de nuire à l'Etat devait être indiquée et spécifiée par une loi, le Code de la responsabilité deviendrait un traité d'histoire et de politique, et encore ses dispositions n'atteindraient que le passé. Les Ministres trouveraient facilement de nouveaux moyens de les éluder pour l'avenir.

Aussi les Anglais, si scrupuleusement attachés d'ailleurs, dans les objets qu'embrasse la loi commune, à l'application littérale de la loi, ne désignent-ils les délits qui appellent sur les Ministres la responsabilité, que par les mots très-vagues de *high crimes and misdemeanours*, mots qui ne précisent ni le dégré ni la nature du crime.

On croira peut-être que c'est placer les Ministres dans une situation bien défavorable et bien périlleuse. Tandis qu'on exige, pour les simples citoyens, la sauve-garde de la précision la plus exacte, et la garantie de la lettre de la loi, les Ministres sont livrés à une sorte d'arbitraire exercé sur eux, et par leur accusateurs et par leurs juges. Mais cet arbitraire est dans l'essence de la chose même; ses inconvéniens doivent être adoucis par la solemnité des formes, le caractère auguste des juges et la modération des peines. Mais le principe doit être posé: et il vaut toujours mieux avouer en théorie ce qui ne peut être évité dans la pratique.

Un ministre peut faire tant de mal, sans s'écarter de la lettre d'aucune loi positive, que si vous ne préparez pas des moyens constitutionnels de réprimer ce mal et de punir ou d'éloigner le coupable (car il s'agit beaucoup plus d'enlever le pouvoir aux ministres prévaricateurs, que de les punir), la nécessité fera trouver ces moyens hors de la constitution même. Les hommes réduits à chicaner sur les termes ou à enfreindre les formes, deviendront haineux, perfides et violens. Ne voyant point de route tracée, ils s'en fraieront une qui sera plus courte, mais aussi plus désordonnée et plus dangereuse. Il y a, dans la réalité, une force qu'aucune adresse n'élude long-tems. Si en ne dirigeant contre les ministres que des lois précises, qui n'atteignent jamais l'ensemble de leurs actes et la tendance de leur administration, vous les dérobez de fait à toutes les lois, on ne les jugera plus d'après vos dispositions minutieuses et inapplicables : on sévira contre eux d'après les inquiétudes qu'ils auront causées, le mal qu'ils auront fait, et le degré de ressentiment qui en sera la suite.

Ce qui me persuade que je ne suis point un ami de l'arbitraire, en posant en axiome que la loi sur la responsabilité ne saurait être détaillée, comme les lois communes, et que c'est une loi politique, dont la nature et l'application ont inévitablement quelque chose de discrétionnaire, c'est que j'ai pour moi, comme je viens de le dire, l'exemple des Anglais, et que non-seulement depuis 134 ans la liberté existe chez eux, sans trouble et sans orages, mais que de tous leurs ministres, exposés à une responsabilité indéfinie, et perpétuellement dénoncés par l'opposition, un bien petit nombre a été soumis à un jugement, aucun n'a subi une peine.

Nos souvenirs ne doivent pas nous tromper. Nous avons été furieux et turbulens, comme des esclaves qui brisaient leurs fers. Mais aujourd'hui nous sommes devenus un peuple libre; et si nous continuons à l'être, si nous organisons avec hardiesse et franchise des institutions de liberté, nous serons bientôt calmes et sages comme un peuple libre.

Je ne m'arrêterai point à prouver ici que la poursuite des ministres doit être confiée, comme la constitution l'ordonne, aux représentans de la nation : mais je ferai ressortir un avantage de la constitution actuelle sur toutes celles qui l'ont précédée. L'accusation, la poursuite, l'instruction, le jugement, tout peut être public, tandis qu'auparavant il était sinon décreté, du moins admis, que ces procédures solemnelles devaient s'instruire secrètement.

Comme il y a dans les hommes investis de l'autorité, une disposition constante à s'entourer d'un mystère qui, dans leur opinion, ajoute à leur importance, je reproduirai quelques raisonnemens que j'ai déjà allégués dans un autre ouvrage, en faveur de la publicité des accusations.

L'on prétend que cette publicité met à la merci d'orateurs imprudens les secrets de l'état, que l'honneur des ministres sera compromis sans cesse par des accusations hasardées, enfin, que ces accusations, lors même qu'elles seraient prouvées fausses, n'en auront pas moins donné à l'opinion un ébranlement dangereux.

Mais les secrets de l'état ne sont pas en aussi grand nombre qu'aime à l'affirmer le charlatanisme ou que l'ignorance aime à le croire: le secret n'est guère indispensable que dans quelques circonstances rares et momentanées, pour quelque expédition militaire, par exemple, ou pour quelque alliance décisive, à une époque de crise. Dans tous les autres cas, l'autorité ne veut le secret que pour agir sans contradiction, et la plupart du tems, après avoir agi, elle regrette la contradiction qui l'aurait éclairée.

Dans les cas où le secret est vraiment nécessaire, les questions qui sont du ressort de la responsabilité ne tendent point à le divulguer. Car elles ne sont débattues, qu'après que l'objet qui les a fait naître est devenu public.

Le droit de paix et de guerre, la conduite des opérations militaires, celle des négociations, la conclusion des traités, appartiennent au pouvoir exécutif. Ce n'est qu'après qu'une guerre a été entreprise, qu'on peut rendre les ministres responsables de la légitimité de cette guerre. Ce n'est qu'après qu'une expédition a réussi ou manqué, qu'on peut en demander compte aux ministres. Ce n'est qu'après qu'un traité a été conclu, qu'on peut examiner le contenu de ce traité.

Les discussions ne s'établissent donc que sur des questions déjà connues. Elles ne divulguent aucun fait. Elles placent seulement des faits publics sous un nouveau point de vue.

L'honneur des ministres, loin d'exiger que les accusations intentées contre eux soient enveloppées de mystère, exige plutôt impérieusement que l'examen se fasse au grand jour. Un ministre, justifié dans le secret, n'est jamais complètement justifié. Les accusations ne sauraient être ignorées. Le mouvement qui les dicte porte inévitablement ceux qui les intentent à les révéler. Mais, révélées ainsi dans des conversations vagues, elles prennent toute la gravité que la passion cherche à leur donner. La vérité n'est pas admise à les réfuter. Vous n'empêchez pas l'accusateur de parler, vous empêchez seulement qu'on ne lui réponde. Les ennemis du ministre profitent du voile qui couvre ce qui est, pour accréditer ce qui n'est pas. Une explication publique et complète, où les organes de la nation auraient éclairé la nation entière, sur la conduite du ministre dénoncé, eut prouvé peut-être à-la-fois leur modération et son innocence. Une discussion secrète laisse planer sur lui l'accusation qui n'est repoussée que par une enquête mystérieuse, et peser sur eux l'apparence de la connivence, de la faiblesse ou de la complicité.

Les mêmes raisonnemens s'appliquent à l'ébranlement que vous craignez de donner à l'opinion. Un homme puissant ne peut être inculpé sans que cette opinion ne s'éveille, et sans que la curiosité ne s'agite. Leur échapper est impossible. Ce qu'il faut, c'est rassurer l'une, et vous ne le pouvez qu'en satisfaisant l'autre. On ne conjure point les dangers, en les dérobant aux regards. Ils s'augmentent, au contraire, de la nuit dont on les entoure. Les objets se grossissent au sein des ténèbres. Tout paraît dans l'ombre hostile et gigantesque.

Les déclamations inconsidérées, les accusations sans fondement s'usent d'elles-mêmes, se décréditent, et cessent enfin, par le seul effet de l'opinion qui les juge et les flétrit. Elles ne sont dangereuses que sous le despostisme, ou dans les démagogies, sans contre-poids constitutionnel : sous le despotisme, parce qu'en circulant malgré lui, elles participent de la faveur de tout ce qui lui est opposé; dans les démagogies, parce que tous les pouvoirs étant réunis et confondus comme sous le despotisme, quiconque s'en empare, en subjuguant la foule par la parole, est maître absolu. C'est le despotisme sous un autre nom. Mais quand les pouvoirs sont balancés, et qu'ils se contiennent l'un par l'autre, la parole n'a point cette influence rapide et immodérée.

Il y a aussi en Angleterre, dans la chambre des communes, des déclamateurs et des hommes turbulens. Qu'arrive-t-il? Ils parlent; on ne les écoute pas, et ils se taisent. L'intérêt qu'attache une assemblée à sa propre dignité, lui apprend à réprimer ses membres, sans qu'il soit besoin d'étouffer leur voix. Le public se forme de même à l'appréciation des harangues violentes et des accusations mal fondées. Laissez-lui faire son éducation. Il faut qu'elle se fasse. L'interrompre, ce n'est que la retarder. Veillez, si vous le croyez indispensable, sur les résultats immédiats. Que la loi prévienne les troubles : mais dites-vous bien que la publicité est le moyen le plus infaillible de les prévenir: elle met de de votre parti la majorité nationale, qu'autrement vous auriez à réprimer, peut-être à combattre. Cette majorité vous seconde.

Vous avez la raison pour auxiliaire, mais pour obtenir cet auxiliaire, il ne faut pas le tenir dans l'ignorance, il faut au contraire l'éclairer.

Voulez-vous être sûr qu'un peuple sera paisible? Dites-lui sur ses intérêts tout ce que vous pouvez lui dire. Plus il en saura, plus il jugera sainement et avec calme. Il s'effraie de ce qu'on lui cache, et il s'irrite de son effroi.

La constitution donne aux ministres un tribunal particulier. Elle profite de l'institution de la Pairie pour la constituer juge des ministres, dans toutes les causes où un individu lézé ne se porte pas pour accusateur. Les Pairs sont en effet les seuls juges dont les lumières soient suffisantes et l'impartialité assurée.

La mise en accusation des ministres est, dans le fait, un procès entre le pouvoir exécutif et le pouvoir du peuple. Il faut donc, pour le terminer, recourir à un tribunal qui ait un intérêt distinct à-la-fois et de celui du peuple et de celui du Gouvernement, et qui, néanmoins, soit réuni, par un autre intérêt, à celui du Gouvernement et à celui du peuple.

La Pairie réunit ces deux conditions. Ses priviléges séparent du peuple les individus qui en sont investis. Ils n'ont plus à rentrer dans la condition commune. Ils ont donc un intérêt distinct de l'intérêt populaire. Mais le nombre des Pairs mettant toujours obstacle à ce que la majorité d'entre eux puisse participer au gouvernement, cette majorité a, sous ce rapport, un intérêt distinct de l'intérêt du Gouvernement. En même temps, les Pairs sont intéressés à la liberté du peuple : car, si la liberté du peuple était anéantie, la liberté des Pairs et leur dignité disparaîtraient. Ils sont intéressés de même au maintien du Gouvernement, car, si le Gouvernement était renversé, avec lui s'abîmerait leur institution.

La Chambre des Pairs est donc, par l'indépendance et la neutralité qui la caractérisent, le juge convenable des ministres. Placés dans un poste qui inspire naturellement l'esprit conservateur à ceux qui l'occupent, formés par leur éducation à la connaissance des grands intérêts de l'état, initiés par leurs fonctions dans la plupart des secrets de l'administration, les Pairs recoivent encore de leur position sociale une gravité qui leur commande la maturité de l'examen, et une douceur de mœurs, qui, en les disposant aux ménagemens et aux égards, supplée à la loi positive, par les scrupules délicats de l'équité.

Les représentans de la nation, appelés à surveiller l'emploi de la puissance et les actes de l'administration publique, et plus ou moins admis dans les détails des négociations, puisque les ministres leur en doivent un compte, lorsqu'elles sont terminées, paraissent d'abord aussi en état que les Pairs de décider si ces ministres méritent l'approbation ou le blâme, l'indulgence ou le châtiment. Mais les représentans de la nation, électifs pour un espace de temps limité, et ayant besoin de plaire à leurs commettans, se ressentent toujours de leur origine populaire et de leur situation qui redevient précaire à des époques fixes. Cette situation les jette dans une double dépendance, celle de la popularité et celle de la faveur. Ils sont d'ailleurs appelés à se montrer souvent les antagonistes des ministres, et par cela même qu'ils peuvent devenir leurs accusateurs, ils ne sauraient être leurs juges.

Quant aux tribunaux ordinaires, ils peuvent et doivent juger les ministres coupables d'attentats contre les individus ; mais leurs membres sont peu propres à prononcer sur des causes qui sont politiques bien plutôt que judiciaires ; ils sont plus ou moins étrangers aux connaissances diplomatiques, aux combinaisons militaires, aux opérations de finances : ils ne connaissent qu'imparfaitement l'état de l'Europe, ils n'ont étudié que les codes des lois positives, ils sont astreints, par leurs devoirs habituels, à n'en consulter que la lettre morte, et à n'en requérir que l'application stricte. L'esprit subtil de la jurisprudence est opposé à la nature des grandes questions qui doivent être envisagées sous le rapport public, national, quelquefois même Européen, et sur lesquels les Pairs doivent prononcer comme juges suprêmes, d'après leurs lumières, leur honneur, et leur conscience.

Car la constitution investit les Pairs d'un pouvoir discrétionnaire, non-seulement pour caractériser le délit, mais pour infliger la peine.

En effet, les délits dont les ministres peuvent se rendre coupables, ne se composent ni d'un seul acte, ni d'une série d'actes positifs dont chacun puisse motiver une loi précise; des nuances que la parole ne peut désigner, et qu'à plus forte raison la loi ne peut saisir, les aggravent ou les atténuent. Toute tentative pour rédiger sur la responsabilité des ministres une loi précise et détaillée, comme doivent l'être les loix criminelles, est inévitablement illusoire; la conscience des Pairs est juge compétent, et cette conscience doit pouvoir prononcer en liberté sur le châtiment comme sur le crime.

J'aurais voulu seulement que la constitution ordonnât qu'aucune peine infamante ne frapperait jamais les ministres. Les peines infamantes ont des inconvéniens généraux qui deviennent plus fâcheux encore, lorsqu'elles atteignent des hommes que le monde a contemplés dans une situation éclatante. Toutes les fois que la loi s'arroge la distribution de l'honneur et de la honte, elle empiète maladroitement sur le domaine de l'opinion, et cette dernière est disposée à réclamer sa suprématie. Il en résulte une lutte qui tourne toujours au détriment de la loi. Cette lutte doit surtout avoir lieu, quand il s'agit de délits politiques, sur lesquels les opinions sont nécessairement partagées. L'on affaiblit le sens moral de l'homme, lorsqu'on lui commande, au nom de l'autorité, l'estime ou le mépris. Ce sens ombrageux et délicat est froissé par la violence qu'on prétend lui faire, et il arrive qu'à la fin un peuple ne sait plus ce qu'est le mépris ou ce qu'est l'estime.

Dirigées même en perspective contre des hommes qu'il est utile d'entourer, durant leurs fonctions, de considération et de respect, les peines infamantes les dégradent en quelque sorte d'avance. L'aspect du Ministre qui subirait une punition flétrissante, avilirait dans l'esprit du peuple le ministre encore en pouvoir.

Enfin, l'espèce humaine n'a que trop de penchant à fouler aux pieds les grandeurs tombées. Gardons-nous d'encourager ce penchant. Ce qu'après la chûte d'un ministre on appellerait haine du crime, ne serait le plus souvent qu'un reste d'envie, et du dédain pour le malheur.

La constitution n'a point limité le droit de grace appartenant au chef de l'état. Il peut donc l'exercer en faveur des ministres condamnés.

Je sais que cette disposition a porté l'alarme dans plus d'un esprit ombrageux. Un monarque, a-t-on dit, peut commander à ses ministres des actes coupables, et leur pardonner ensuite. C'est donc encourager par l'assurance de l'impunité le zèle des ministres serviles et l'audace des ministres ambitieux.

Pour juger cette objection, il faut remonter au premier principe de la monarchie constitutionnelle, je veux dire à l'inviolabilité. L'inviolabilité suppose que le monarque ne peut pas mal faire. Il est évident que cette hypothèse est une fiction légale, qui n'affranchit pas réellement des affections et des faiblesses de l'humanité, l'individu placé sur le trône. Mais l'on a senti que cette fiction légale était nécessaire, pour l'intérêt de l'ordre et de la liberté même, parce que sans elle tout est désordre et guerre éternelle entre le monarque et les factions. Il faut donc respecter cette fiction dans toute son étendue. Si vous l'abandonnez un instant, vous retombez dans tous les dangers que vous avez tâché d'éviter. Or, vous l'abandonnez, en restreignant les prérogatives du monarque, sous le prétexte de ses intentions. Car c'est admettre que ses intentions peuvent être soupçonnées. C'est donc admettre qu'il peut vouloir le mal, et par conséquent le faire. Dès-lors vous avez détruit l'hypothèse sur laquelle son inviolabilité repose dans l'opinion. Dès-lors le principe de la monarchie constitutionnelle est attaqué. D'après ce principe, il ne faut jamais envisager dans l'action du pouvoir, que les ministres; ils sont là pour en répondre. Le monarque est dans une enceinte à part et sacrée; vos regards, vos soupçons ne doivent jamais l'atteindre. Il n'a point d'intentions, point de faiblesses, point de connivence avec ses ministres, car ce n'est pas un homme (1), c'est un pouvoir neutre et abstrait, au-dessus de la région des orages.

Que si l'on taxe de métaphysique le point de vue constitutionnel sous lequel je considère cette question, je descendrai volontiers sur le

---

(1) Les partisans du despotisme ont dit aussi que le Roi n'était pas un homme; mais ils en ont inféré qu'il pouvait tout faire, et que sa volonté remplaçait les lois. Je dis que le Roi constitutionnel n'est pas un homme: mais c'est parce qu'il ne peut rien faire sans ses ministres, et que ses ministres ne peuvent rien faire que par les lois.

terrain de l'application pratique et de la morale, et je dirai encore qu'il y aurait à refuser au chef de l'Etat le droit de faire grâce aux ministres condamnés, un autre inconvénient qui serait d'autant plus grave que le motif même par lequel on limiterait sa prérogative serait plus fondé.

Il se peut en effet qu'un prince, séduit par l'amour d'un pouvoir sans bornes, excite ses ministres à des trames coupables contre la constitution ou la liberté. Ces trames sont découvertes; les agens criminels sont accusés, convaincus; la sentence est portée. Que faites-vous, en disputant au prince le droit d'arrêter le glaive prêt à frapper les instrumens de ses volontés secrètes, et en le forçant à autoriser leur châtiment? Vous le placez entre ses devoirs politiques et les devoirs plus saints de la reconnaissance et de l'affection. Car le zèle irrégulier est pourtant du zèle, et les hommes ne sauraient punir sans ingratitude le dévouement qu'ils ont accepté. Vous le contraignez ainsi à un acte de lâcheté et de perfidie; vous le livrez aux remords de sa conscience; vous l'avilissez à ses propres yeux; vous le déconsidérez aux yeux de son peuple. C'est ce que firent les Anglais, en obligeant Charles Ier à signer l'exécution de Stafford, et le pouvoir royal dégradé fut bientôt détruit.

Si vous voulez conserver à-la-fois la monarchie et la liberté, luttez avec courage contre les ministres pour les écarter : mais dans le prince, ménagez l'homme en honorant le monarque. Respectez en lui les sentimens du cœur, car les sentimens du cœur sont toujours respectables. Ne le soupçonnez pas d'erreurs que la constitution vous ordonne d'ignorer. Ne le réduisez pas surtout à les réparer par des rigueurs qui, dirigées sur des serviteurs trop aveuglement fidèles, deviendraient des crimes.

Et remarquez que si nous sommes une Nation, si nous avons des élections libres, ces erreurs ne seront pas dangereuses. Les Ministres, en demeurant impunis, n'en seront pas moins désarmés. Que le Prince exerce en leur faveur sa prérogative, la grâce est accordée, mais le délit est reconnu, et l'autorité échappe au coupable, car il ne peut ni continuer à gouverner l'Etat avec une majorité qui l'accuse, ni se créer, par des élections nouvelles, une nouvelle majorité, puisque dans ces élections, l'opinion populaire replacerait au sein de l'assemblée la majorité accusatrice.

Que si nous n'étions pas une nation, si nous ne savions pas avoir des élections libres, toutes nos précautions seraient vaines. Nous n'emploierions jamais les moyens constitutionnels que nous préparons. Nous pourrions bien triompher à d'horribles époques par des violences brutales; mais nous ne surveillerions, nous n'accuserions, nous ne jugerions jamais les Ministres. Nous accourrions seulement pour les proscrire lorsqu'ils auraient été renverés.

Quand un Ministre a été condamné, soit qu'il ait subi la peine prononcée par sa sentence, soit que le Monarque lui ait fait grâce, il doit être préservé pour l'avenir de toutes ces persécutions variées que les partis vainqueurs dirigent sous divers prétextes contre les vaincus. Ces partis affectent pour justifier leurs mesures vexatoires des craintes excessives. Ils savent bien que ces craintes ne sont pas fondées, et que ce serait faire trop d'honneur à l'homme, que de le supposer si ardent à s'attacher au pouvoir déchu. Mais la haine se cache sous les dehors de la pusillanimité, et pour s'acharner avec moins de honte sur un individu sans défense, on le présente comme un objet de terreur. Je voudrais que la loi mît un insurmontable obstacle à toutes ces rigueurs tardives, et qu'après avoir atteint le coupable, elle le prît sous sa protection. Je voudrais qu'il fût ordonné qu'aucun Ministre, après qu'il aura subi sa peine, ne pourra être exilé, détenu, ni éloigné de son domicile. Je ne connais rien de si honteux que ces proscriptions prolongées. Elles indignent les nations ou elles les corrompent. Elles réconcilient avec les victimes toutes les âmes un peu élevées. Tel ministre, dont l'opinion publique avait applaudi le châtiment, se trouve entouré de la pitié publique, lorsque le châtiment légal est aggravé par l'arbitraire.

Il résulte de toutes les dispositions précédentes, que les ministres seront souvent dénoncés, accusés quelquefois, condamnés rarement, punis presque jamais. Ce résultat peut, à la première vue, paraître insuffisant aux hommes qui pensent que, pour les délits des ministres, comme pour ceux des individus, un châtiment positif et sévère est d'une justice exacte et d'une nécessité absolue. Je ne partage pas cette opinion. La responsabilité me semble devoir atteindre surtout deux buts, celui d'enlever la puissance aux ministres coupables, et celui d'entretenir dans la nation, par la vigilance de ses représentans, par la publicité de leurs débats, et par l'exercice de la liberté de la presse, appliqué à l'analyse de tous les actes ministériels, un esprit d'examen, un intérêt habituel au maintien de la constitution de l'Etat, une participation constante aux affaires, en un mot un sentiment animé de vie politique.

Il ne s'agit donc pas, dans ce qui tient à la responsabilité, comme dans les circonstances ordinaires, de pourvoir à ce que l'innocence ne soit jamais menacée, et à ce que le crime ne demeure jamais inpuni. Dans les questions de cette nature, le crime et l'innocence sont rarement d'une évidence complète. Ce qu'il faut, c'est que la conduite des Ministres puisse être facilement soumise à une investigation scrupuleuse, et qu'en même tems beaucoup de ressources leur soient laissées pour échapper aux suites de cette investigation, si leur délit, fût-il prouvé, n'est pas tellement odieux qu'il ne mérite aucune grâce, non-seulement d'après les lois positives, mais aux yeux de la conscience et de l'équité universelle, plus indulgentes que les lois écrites.

Cette douceur dans l'application pratique de la responsabilité, n'est qu'une conséquence nécessaire et juste du principe sur lequel toute sa théorie repose.

J'ai montré qu'elle n'est jamais exempte d'un certain dégré d'arbitraire : or l'arbitraire est dans toute circonstance un grave inconvénient.

S'il atteignait les simples citoyens, rien ne pourrait le légitimer. Le traité des citoyens avec la société, est clair et formel. Ils ont promis de respecter ses lois, elle a promis de les leur faire connaître. S'ils restent fidèles à leurs engagemens, elle ne peut rien exiger de plus. Ils ont le droit de savoir clairement quelle sera la suite de leurs actions, dont chacune doit être prise à part et jugée d'après un texte précis.

Les Ministres ont fait avec la société un autre pacte. Ils ont accepté volontairement, dans l'espoir de la gloire, de la puissance ou de la fortune, des fonctions vastes et compliquées qui forment un tout compact et indivisible. Aucune de leurs actions ministérielles ne peut être prise isolément. Ils ont donc consenti à ce que leur conduite fût jugée dans son ensemhle. Or c'est ce que ne peut faire aucune loi précise. De-là le pouvoir discrétionnaire qui doit être exercé sur eux.

Mais il est de l'équité scrupuleuse, il est du devoir strict de la société, d'apporter à l'exercice de ce pouvoir tous les adoucissemens que la sûreté de l'Etat comporte. De-là ce Tribunal particulier, composé de manière à ce que ses membres soient préservés de toutes les passions populaires. De-là cette faculté donnée à ce Tribunal de ne prononcer que d'après sa conscience et de choisir ou de mitiger la peine. De-là enfin ce recours à la clémence du Roi, recours assuré à tous ses sujets, mais plus favorable aux Ministres qu'à tout autre, d'après leurs relations personnelles.

Oui : les Ministres seront rarement punis. Mais si la constitution est libre et si la nation est énergique, qu'importe la punition d'un Ministre, lorsque, frappé d'un jugement solennel, il est rentré dans la classe vulgaire, plus impuissant que le dernier citoyen, puisque la désapprobation l'accompagne et le poursuit? La liberté n'en a pas moins été préservée de ses attaques, l'esprit public n'en a pas moins reçu l'ébranlement salutaire qui le ranime et le purifie, la morale sociale n'en a pas moins obtenu l'hommage éclatant du pouvoir traduit à sa barre et flétri par sa sentence.

M. Hastings n'a pas été puni : mais cet oppresseur de l'Inde a paru à genoux devant la Chambre des Pairs, et la voix de Fox, de Sheridan et de Burke, vengeresse de l'humanité long-tems foulée aux pieds, a réveillé dans l'âme du peuple Anglais les émotions de la générosité et les sentimens de la justice, et forcé le calcul mercantile à pallier son avidité et à suspendre ses violences.

Lord Melville n'a pas été puni, et je ne veux point contester son innocence. Mais l'exemple d'un homme vieilli dans la routine de la dextérité et dans l'habileté des spéculations, et dénoncé néanmoins malgré son adresse, accusé malgré ses nombreux appuis, a rappelé à ceux qui suivaient la même carrière, qu'il y a de l'utilité dans le désintéressement et de la sûreté dans la rectitude.

Lord North n'a pas même été accusé. Mais en le menaçant d'une accusation, ses antagonistes ont reproduit les principes de la liberté constitutionnelle et proclamé le droit de chaque fraction d'un Etat, à ne supporter que les charges qu'elle a consenties.

Enfin, plus anciennement encore, les persécuteurs de M. Wilkes, n'ont été punis que par des amendes; mais la poursuite et le jugement ont fortifié les garanties de la liberté individuelle, et consacré l'axiôme que la maison de chaque Anglais est son asyle et son château fort.

Tels sont les avantages de la responsabilité, et non pas quelques détentions et quelques supplices.

La mort, ni même la captivité d'un homme n'ont jamais été nécessaires au salut d'un peuple; car le salut d'un peuple doit être en lui-même. Une nation qui craindrait la vie ou la liberté d'un Ministre dépouillé de sa puissance, serait une nation misérable. Elle ressemblerait à ces esclaves qui tuaient leurs maîtres, de peur qu'ils ne reparussent le fouët à la main.

Si c'est pour l'exemple des Ministres à venir qu'on veut diriger la rigueur sur les Ministres déclarés coupables, je dirai que la douleur d'une accusation qui retentit dans l'Europe, la honte d'un jugement, la privation d'une place éminente, la solitude qui suit la disgrâce et que trouble le remords, sont pour l'ambition et pour l'orgueil des châtimens suffisamment sévères, des leçons suffisamment instructives.

Il faut observer que cette indulgence pour les ministres, dans ce qui regarde la responsabilité, ne compromet en rien les droits et la sûreté des individus : car les délits qui attentent à ces droits et qui menacent cette sûreté, sont soumis à d'autres formes, jugés par d'autres juges. Un Ministre peut se tromper sur la légitimité ou sur l'utilité d'une guerre; il peut se tromper sur la nécessité d'une cession, dans un traité; il peut se tromper dans une opération de finance. Il faut donc que ses juges soient investis de la puissance discrétionnaire d'apprécier ses motifs, c'est-à-dire, de peser des probabilités incertaines. Mais un ministre ne peut pas se tromper quand il attente illégalement à la liberté d'un citoyen. Il sait qu'il commet un crime. Il le sait aussi bien que tout individu qui se rendrait coupable de la même violence. Aussi l'indulgence qui est une justice dans l'examen des questions politiques, doit disparaître quand il s'agit d'actes illégaux ou arbitraires. Alors les lois communes reprennent leurs forces, les tribunaux ordinaires doivent prononcer, les peines doivent être précises, et leur application littérale.

Sans doute, le roi peut faire grâce de la peine. Il le peut dans ce cas comme dans tous les autres. Mais sa clémence envers le coupable ne prive point l'individu lésé, de la réparation que les tribunaux lui ont accordée (1).

(1) Je n'ai pas cru nécessaire de répondre ici au reproche de lenteur dirigé contre les formes que la cons-

titution a prescrites pour l'accusation et pour le jugement des ministres. On est singulièrement pressé, si l'on trouve quarante jours un trop long espace de tems, lorsqu'il s'agit d'examiner les questions les plus compliquées et de prononcer sur la destinée des hommes qui ont tenu en main le sort de l'Etat.

CHAPITRE X.

De la déclaration que les Ministres sont indignes de la confiance publique.

DANS les projets présentés l'année dernière sur la responsabilité, l'on a proposé de remplacer par un moyen plus doux en apparence l'accusation formelle, lorsque la mauvaise administration des ministres aurait compromis la sûreté de l'état, la dignité de la couronne, ou la liberté du peuple, sans néanmoins avoir enfreint d'une manière directe aucune loi positive. On a voulu investir les assemblées représentatives du droit de déclarer les ministres indignes de la confiance publique.

Mais je remarquerai d'abord que cette déclaration existe de fait contre les ministres, toutes les fois qu'ils perdent la majorité dans les assemblées. Lorsque nous aurons ce que nous n'avons point encore, mais ce qui est d'une nécessité indispensable, dans toute monarchie contitutionnelle, je veux dire, un ministère qui agisse de concert, une majorité stable, et une opposition bien séparée de cette majorité, nul ministre ne pourra se maintenir, s'il n'a pour lui le plus grand nombre des voix, à moins d'en appeler le peuple par des élections nouvelles. Et alors, ces élections nouvelles seront la pierre de touche de la confiance accordée à ce ministre. Je n'aperçois donc dans la déclaration proposée au lieu de l'accusation, que l'énoncé d'un fait qui se prouve, sans qu'il soit besoin de le déclarer. Mais je vois de plus que cette déclaration, par cela même qu'elle sera moins solennelle et paraîtra moins sévère qu'une accusation formelle, sera de nature à être plus fréquemment prodiguée. Si vous craignez que l'on ne prodigue l'accusation elle-même, c'est que vous supposez l'assemblée factieuse. Mais si en effet l'assemblée est factieuse, elle sera plus disposée à flétrir les ministres qu'à les accuser, puisqu'elle pourra les flétrir sans se compromettre, par une déclaration qui ne l'engage à rien, qui, n'appelant aucun examen, ne requiert aucune preuve, qui n'est enfin qu'un cri de vengeance. Si l'assemblée n'est pas factieuse, pourquoi inventer une formule, inutile dans cette hypothèse et dangereuse dans l'autre?

Secondement, quand les Ministres sont accusés, un Tribunal est chargé de les juger. Ce tribunal, par son jugement, quel qu'il soit, rétablit l'harmonie entre le gouvernement et les organes du peuple. Mais aucun tribunal n'existe pour prononcer sur la déclaration dont il s'agit. Cette déclaration est un acte d'hostilité d'autant plus fâcheux dans ses résultats possibles, qu'il est sans résultat fixe et nécessaire. Le roi et les mandataires du peuple sont mis en présence, et vous perdez le grand avantage d'avoir une autorité neutre qui prononce entre eux.

Cette déclaration est en troisième lieu une atteinte directe à la prérogative royale. Elle dispute au Prince la liberté de ses choix. Il n'en est pas de même de l'accusation. Les Ministres peuvent être devenus coupables, sans que le monarque ait eu tort de les nommer, avant qu'ils le fussent. Quand vous accusez les Ministres, ce sont eux seuls que vous attaquez : mais quand vous les déclarez indignes de la confiance publique, le Prince est inculpé, ou dans ses intentions, ou dans ses lumières, ce qui ne doit jamais arriver dans un gouvernement constitutionnel.

L'essence de la royauté, dans une Monarchie représentative, c'est l'indépendance des nominations qui lui sont attribuées. Jamais le roi n'agit en son propre nom. Placé au sommet de tous les pouvoirs, il crée les uns, modère les autres, dirige ainsi l'action politique, en la tempérant sans y participer. C'est de là que résulte son inviolabilité. Il faut donc lui laisser cette prérogative intacte et respectée. Il ne faut jamais lui contester le droit de choisir. Il ne faut pas que les assemblées s'arrogent le droit d'exclure, droit qui, exercé obstinément, implique à la fin celui de nommer.

L'on ne m'accusera pas, je le pense, d'être trop favorable à l'autorité absolue. Mais je veux que la royauté soit investie de toute la force, entourée de toute la vénération qui lui sont nécessaires pour le salut du peuple et la dignité du trône.

Que les délibérations des assemblées soient

parfaitement libres; que les secours de la presse affranchie de toute entrave, les encouragent et les éclairent : que l'opposition jouisse des privilèges de la discussion la plus hardie : ne lui refusez aucune ressource constitutionnelle pour enlever au ministère sa majorité. Mais ne lui tracez pas un chemin dans lequel, s'il est une fois ouvert, elle se précipitera sans cesse. La déclaration que l'on propose, deviendra tour-à-tour une formule sans conséquence, ou une arme entre les mains des factions.

J'ajouterai que, pour les Ministres mêmes, il vaut mieux qu'ils soient quelquefois accusés, légèrement peut-être, que s'ils étaient exposés à chaque instant à une déclaration vague, contre laquelle il serait plus difficile de les garantir. C'est un grand argument dans la bouche des défenseurs d'un ministre, que ce simple mot, accusez-le.

Je l'ai déjà dit et je le répète, la confiance dont un ministre jouit, ou la défiance qu'il inspire, se prouve par la majorité qui le soutient ou qui l'abandonne. C'est le moyen légal, c'est l'expression constitutionnelle. Il est superflu d'en chercher une autre.

CHAPITRE XI.

De la Responsabilité des Agens inférieurs.

Ce n'est pas assez d'avoir établi la responsabilité des ministres ; si cette responsabilité ne commence pas à l'exécuteur immédiat de l'acte qui en est l'objet, elle n'existe point. Elle doit peser sur tous les degrés de la hiérarchie constitutionnelle. Lorsqu'une route légale n'est pas tracée, pour soumettre tous les agens à l'accusation qu'ils peuvent tous mériter, la vaine apparence de la responsabilité n'est qu'un piège, funeste à ceux qui seraient tentés d'y croire. Si vous ne punissez que le ministre qui donne un ordre illégal et non l'instrument qui l'exécute, vous placez la réparation si haut, que souvent on ne peut l'atteindre : c'est comme si vous prescriviez à un homme attaqué par un autre, de ne diriger ses coups que sur la tête et non sur le bras de son agresseur, sous le prétexte que le bras n'est qu'un instrument aveugle, et que dans la tête est la volonté et par conséquent le crime.

Mais, objecte-t-on, si les agens inférieurs peuvent être punis, dans une circonstance quelconque, de leur obéissance, vous les autorisez à juger les mesures du gouvernement avant d'y concourir. Par cela seul, toute son action est entravée. Où trouvera-t il des agens, si l'obéissance est dangereuse? Dans quelle impuissance vous placez tous ceux qui sont investis du commandement! dans quelle incertitude vous jetez tous ceux qui sont chargés de l'exécution!

Je réponds d'abord : si vous prescrivez aux agens de l'autorité le devoir absolu d'une obéissance implicite et passive, vous lancez sur la société humaine des instrumens d'arbitraire et d'oppression, que le pouvoir aveugle ou furieux peut déchaîner à volonté. Lequel des deux maux est le plus grand?

Mais je crois devoir remonter ici à quelques principes plus généraux sur la nature et la possibilité de l'obéissance passive.

Cette obéissance, telle qu'on nous la vante et qu'on nous la recommande, est, grâce au ciel, complètement impossible. Même dans la discipline militaire, cette obéissance passive a des bornes, que la nature des choses lui trace, en dépit de tous les sophismes. On a beau dire que les armées doivent être des machines, et que l'intelligence du soldat est dans l'ordre de son caporal. Un soldat devrait-il, sur l'ordre de son caporal ivre, tirer un coup de fusil à son capitaine? Il doit donc distinguer si son caporal est ivre ou non; il doit réfléchir que le capitaine est une autorité supérieure au caporal. Voilà de l'intelligence et de l'examen requis dans le soldat. Un capitaine devrait-il, sur l'ordre de son colonel, aller, avec sa compagnie, aussi obéissante que lui, arrêter le ministre de la guerre? Voilà donc de l'intelligence et de l'examen requis dans le capitaine. Un colonel devrait-il, sur l'ordre du ministre de la guerre, porter une main attentatoire sur la personne du chef de l'état? Voilà donc de l'intelligence et de l'examen requis dans le colonel (1). On ne réfléchit pas en exaltant

---

(1) Mon opinion sur l'obéissance passive a été combattue par des raisonnemens que je crois utile de rap-

l'obéissance passive, que les instrumens trop dociles peuvent être saisis par toutes les mains, et retournés contre leurs premiers

---

porter, parce qu'ils me semblent ajouter à l'évidence des principes que j'ai tâché d'établir.

J'ai demandé, *si un soldat devait, sur l'ordre de son caporal, tirer un coup de fusil à son capitaine.* On m'a répondu: *Il est clair que le soldat, par le même principe de l'obéissance, aura plus de respect pour son capitaine que pour son caporal.* Mais j'avais dit aussi, *le soldat doit réfléchir que le capitaine est une autorité supérieure au caporal.* N'est-ce pas exactement la même pensée? est-ce le mot de réflexion qui épouvante? Mais si le soldat ne réfléchit point à la différence de rang qui sépare ces deux personnes appelées également à lui commander, comment appliquera-t-il le principe de l'obéissance? Pour qu'il sache qu'un plus grand respect est dû à l'une des deux qu'à l'autre, il faut bien qu'il conçoive la distance qui les sépare.

J'ai dit, *qu'en thèse générale, la discipline était la base indispensable de toute organisation militaire, et que, si cette règle avait des limites, ces limites ne se laissaient pas décrire, qu'elles se sentaient.* Que m'a-t-on opposé? *Que les cas de ce genre sont rares et indiqués par le sentiment intérieur, et qu'ils ne font point obstacle à la règle générale.* N'y a-t-il pas ici, non-seulement conformité de principes, mais répétition de mots? Le *sentiment intérieur* n'est-il pas l'équivalent maîtres, et que l'intelligence qui porte l'homme à l'examen, lui sert aussi à distinguer le

---

des limites qui ne se décrivent pas, mais qui se sentent? Et *la règle générale* est-elle autre chose que *la thèse générale*?

J'ai dit encore, *que le gendarme ou l'officier qui aurait concouru à l'arrestation illégale d'un citoyen, ne serait pas justifié par l'ordre d'un Ministre.* Remarquez bien ce mot *l'arrestation illégale.* Qu'a-t-on objecté? *Que les agens inférieurs n'ont que deux choses à examiner.* Pesez en passant cette expression : deux choses *à examiner.* Quand j'affirme que l'*examen* est inévitable, je n'ai donc pas tort, puisque les défenseurs de l'obéissance passive y reviennent malgré qu'il en aient. Ces deux choses à examiner sont *de savoir si l'ordre qui leur est donné émane de l'autorité dont ils relèvent, et si la réquisition qui leur est faite s'applique à des choses relatives aux attributions de celui qui l'a délivrée.* C'est tout ce que je demande. On a l'air de confondre l'arrestation d'un innocent avec une arrestation illégale. Un innocent peut être arrêté très-légalement, si on le soupçonne. L'exécuteur du mandat d'arrêt, militaire ou civil, n'a point à rechercher si l'objet de l'ordre qu'il a reçu mérite ou non d'être arrêté. Ce qui l'intéresse, c'est que l'ordre soit légal, c'est-à-dire, émané de l'autorité qui a droit de le donner, et qu'il soit revêtu des formalités prescrites. C'est là ma doctrine, et c'est aussi celle de mes prétendus antagonistes. Car ils le disent en propres termes : *Le gendarme ou l'huissier.... n'aura jamais à s'occuper que de savoir* droit d'avec la force, et celui à qui appartient le commandement de celui qui l'usurpe.

Qu'en thèse générale la discipline soit la baze indispensable de toute organisation militaire, que la ponctualité dans l'exécution des ordres reçus soit le ressort nécessaire de toute administration civile, nul doute. Mais cette règle a des limites : ces limites ne se laissent pas décrire, parce qu'il est impossible de prévoir tous les cas qui peuvent se présenter : mais elles se sentent, la raison de

---

s'il tient sa mission d'une autorité compétente ou incompétente, et si elle est conforme ou contraire à la marche ordinaire des choses, et aux formes de justice et d'administration qui sont usitées. A cela près, il exécutera, les yeux fermés, les ordres qu'il aura reçus, et il fera bien. Sans doute, il fera bien. Qui le conteste? Mais pour savoir si l'autorité qui lui donne des ordres est compétente, et si l'ordre est conforme ou contraire à la marche des choses et aux formes de la justice, ne faut-il pas qu'il examine, qu'il compare, qu'il juge? Je n'ajoute pas cette note pour répondre à un article de journal déjà oublié, mais pour démontrer que la thèse de l'obéissance passive ne peut être soutenue, que ceux qui croient la défendre sont forcés de l'abandonner, et qu'on a beau faire, on ne met jamais l'intelligence humaine hors des affaires humaines.

chacun l'en avertit. Il en est juge, et il en est nécessairement le seul juge : il en est le juge à ses risques et périls. S'il se trompe, il en porte la peine. Mais on ne fera jamais que l'homme puisse devenir totalement étranger à l'examen, et se passer de l'intelligence que la nature lui a donnée pour se conduire, et dont aucune profession ne peut le dispenser de faire usage. (1)

---

(1) Il est bon d'observer que nous ne manquons point en France de lois encore existantes, qui, prononçant des peines contre les exécuteurs d'ordres illégaux, sans en excepter, et même en y comprenant formellement les militaires, obligent par là ces militaires à comparer avec ces lois les ordres qu'ils reçoivent de leurs supérieurs. La loi du 13 germinal an VI, porte, article 165 : « Tout officier, sous-officier ou gendarme, qui don- » nera, signera, exécutera ou fera exécuter l'ordre » d'arrêter un individu, ou qui l'arrêtera effective- » ment, si ce n'est en flagrant délit, ou dans les cas » prévus par les lois, pour le remettre sur-le-champ à » l'officier de police, sera poursuivi criminellement, et » puni comme coupable du crime de détention arbi- » traire. » Il faut donc que le gendarme et l'officier jugent, avant d'obéir, si l'individu qu'ils doivent arrê- ter est dans le cas du flagrant délit, ou dans un autre cas prévu par les lois. Suivant l'article 166, la même

Sans doute la chance d'une punition pour avoir obéi, jettera quelquefois les agens subalternes dans une incertitude pénible. Il serait plus commode pour eux d'être des automates zélés ou des dogues intelligens. Mais il y a incertitude dans toutes les choses humaines. Pour se délivrer de toute incerti-

---

peine aura lieu pour la détention d'un individu, dans un lieu non légalement et publiquement désigné pour servir de maison d'arrêt, de justice ou de prison. Il faut donc que le gendarme et l'officier jugent, avant d'obéir, si le lieu où ils doivent conduire l'individu arrêté, est un lieu de détention légalement et publiquement désigné. L'article 169 porte que, hors les cas de flagrant délit déterminés par les lois, la gendarmerie ne pourra arrêter aucun individu, si ce n'est en vertu, soit d'un mandat d'amener, ou d'arrêt, suivant les formes prescrites, soit d'une ordonnance de prise de corps, d'un décret d'accusation, ou d'un jugement de condamnation. Il faut donc que le gendarme et l'officier jugent, avant d'obéir, s'il y a un mandat d'amener, ou d'arrêt, suivant les formes, ou une ordonnance de prise de corps, ou un décret d'accusation, ou un jugement de condamnation. Voilà, je pense, assez de cas où la force armée est appelée à consulter les lois; et pour consulter les lois, il faut bien qu'elle fasse usage de sa raison.

tude, l'homme devrait cesser d'être un être moral. Le raisonnement n'est qu'une comparaison des argumens, des probabilités et des chanses. Qui dit comparaison, dit possibilité d'erreur, et par conséquent incertitude. Mais à cette incertitude, il y a, dans une organisation politique bien constituée, un remède qui non-seulement répare les méprises du jugement individuel, mais qui met l'homme à l'abri des suites trop funestes de ces méprises, lorsqu'elles sont innocentes. Ce remède, dont il faut assurer la jouissance aux agens de l'administration comme à tous les citoyens, c'est le jugement par jurés. Dans toutes les questions qui ont une partie morale, et qui sont d'une nature compliquée, le jugement par jurés est indispensable. Jamais la liberté de la presse, par exemple, ne peut exister, sans le jugement par jurés. Des jurés seuls peuvent déterminer si tel livre, dans telle circonstance, est ou n'est pas un délit. La loi écrite ne peut se glisser à travers toutes les nuances, pour les atteindre toutes. La raison commune, le bon sens naturel à tous les hommes apprécient ces nuances. Or, les jurés sont les représentans de la raison commune. De même, quand il faut décider si tel agent subordonné à un ministre, et qui lui a prêté ou refusé son obéissance, a bien ou mal agi, la loi écrite est très-insuffisante. C'est encore la raison commune qui doit prononcer. Il est donc nécessaire de recourir dans ce cas à des jurés, ses seuls interprêtes. Eux seuls peuvent évaluer les motifs qui ont dirigé ces agens, et le degré d'innocence, de mérite ou de culpabilité de leur résistance ou de leur concours.

Qu'on ne craigne pas que les instrumens de l'autorité, comptant, pour justifier leur désobéïssance, sur l'indulgence des jurés, soient trop enclins à désobéir. Leur tendance naturelle, favorisée encore par leur intérêt et leur amour-propre, est toujours l'obéissance. Les faveurs de l'autorité sont à ce prix. Elle a tant de moyens secrets pour les dédommager des inconvéniens de leur zèle ! Si le contrepoids avait un défaut, ce serait plutôt d'être inefficace : mais ce n'est au moins pas une raison pour le retrancher. Les jurés eux-mêmes ne prendront point avec exagération le parti de l'indépendance dans les agens du pouvoir. Le besoin de l'ordre est inhérent à l'homme; et dans tous ceux qui sont revêtus d'une mission, ce penchant se fortifie du sentiment de l'importance et de la considération dont ils s'entourent, en se montrant scrupuleux et sévères. Le bon sens des jurés concevra facilement qu'en général la subordination est nécessaire, et leurs décisions seront d'ordinaire en faveur de la subordination.

Une réflexion me frappe. L'on dira que je mets l'arbitraire dans les jurés: mais vous le mettez dans les ministres. Il est impossible, je le répète, de tout régler, de tout écrire, et de faire de la vie et des relations des hommes entre eux un procès-verbal rédigé d'avance, où les noms seuls restent en blanc, et qui dispense à l'avenir les générations qui se succèdent, de tout examen, de toute pensée, de tout recours à l'intelligence. Or, si, quoi qu'on fasse, il reste toujours, dans les affaires humaines, quelque chose de discrétionnaire, je le demande, ne vaut-il pas mieux que l'exercice du pouvoir que cette portion discrétionnaire exige, soit confié à des hommes qui ne l'exercent que dans une seule circonstance, qui ne se corrompent ni ne s'aveuglent par l'habitude de l'autorité, et qui soient également intéressés à la liberté et au bon ordre, que si vous la confiez à des hommes qui ont pour intérêt permanent leurs prérogatives particulières.

Encore une fois, vous ne pouvez pas maintenir sans restriction votre principe d'obéissance passive. Il mettrait en danger tout ce que vous voulez conserver; il menacerait non-seulement la liberté, mais l'autorité; non-seulement ceux qui doivent obéir, mais ceux qui commandent; non-seulement le peuple, mais le monarque. Vous ne pouvez pas non plus indiquer avec précision chaque circonstance, où l'obéissance cesse d'être un devoir et devient un crime. Direz-vous que tout ordre contraire à la constitution établie ne doit pas être exécuté? Vous êtes malgré vous reporté vers l'examen de ce qui est contraire à la constitution établie. L'examen est pour vous ce palais de Strigiline, où les chevaliers revenaient sans cesse, malgré leurs efforts pour s'en éloigner. Or, qui sera chargé de cet examen? ce ne sera pas, je le pense, l'autorité qui a donné l'ordre que vous voulez examiner. Il faudra donc toujours que vous organisiez un moyen de prononcer dans chaque circonstance; et le meilleur de tous les moyens, c'est de confier le droit de prononcer, aux hommes les plus impartiaux, les plus identifiés aux intérêts individuels et aux intérêts publics. Ces hommes sont les jurés.

La responsabilité des agens est reconnue en Angleterre, depuis le dernier échelon jusqu'au degré le plus élevé, de manière à ne laisser aucun doute. Un fait très-curieux le prouve, et je le cite d'autant plus volontiers, que l'homme qui se prévalut dans cette circonstance du principe de la responsabilité de tous les agens, ayant eu évidemment tort dans la question particulière, l'hommage rendu au principe général n'en fut que plus manifeste.

Lors de l'élection contestée de M. Wilkes, un des magistrats de Londres, concevant que la Chambre des communes avait, dans quelques-unes de ses résolutions, excédé ses pouvoirs, déclara que, vu qu'il n'existait plus de Chambre des Communes légitime en Angleterre, le paiement des taxes exigé désormais en vertu de lois émanées d'une autorité devenue illégale, n'était plus obligatoire. Il refusa en conséquence le paiement de tous les impôts, laissa saisir ses meubles par le collecteur des taxes, et attaqua ensuite ce collecteur pour violation de domicile et saisie arbitraire. La question fut portée devant les tribunaux. L'on ne mit point en doute que le collecteur ne fût punissable, si l'autorité au nom de laquelle il agissait n'était pas une autorité légale : et le président du tribunal, lord Mansfield, s'attacha uniquement à prouver aux jurés que la Chambre des communes n'avait pas perdu son caractère de légitimité; d'où il résulte, que si le collecteur avait été convaincu d'avoir exécuté des ordres illégaux ou émanés d'une source illégitime, il eût été puni, bien qu'il ne fût qu'un instrument soumis au ministre des finances, et révocable par ce ministre (1).

Jusqu'à présent nos constitutions contenaient un article destructif de la responsa-

---

(1) J'aurais pu citer un autre fait, plus décisif encore, dans la même affaire. L'un des principaux commis des ministres, qui poursuivaient M. Wilkes, ayant, avec quatre messagers d'Etat, saisi ses papiers, et arrêté cinq

bilité des agens, et la charte royale de Louis XVIII l'avait soigneusement conservé. D'après cet article l'on ne pouvait poursuivre la réparation d'aucun délit commis par le dépositaire le plus subalterne de la puissance, sans le consentement formel de l'autorité. Un citoyen était-il maltraité, calomnié, lézé d'une manière quelconque par le maire de son village, la constitution se plaçait entre lui et l'agresseur. Il y avait ainsi dans cette seule classe de fonctionnaires 404000 mille inviolables au moins, et peut-être deux cents

---

ou six personnes, considérées comme ses complices, M. Wilkes obtint mille livres sterling de dommages contre cet agent, qui n'avait agi toutefois que d'après des ordres ministériels. Cet agent fut condamné en son propre et privé nom à payer cette somme. Les quatre messagers d'Etat furent attaqués également à la cour des Plaids communs, par les autres personnes arrêtées, et condamnés à deux mille livres sterling d'amende. Au reste, j'ai prouvé dans la note précédente, que nous avons en France des lois du même genre, contre les exécuteurs d'ordres illégaux, tels que les gendarmes et les geoliers, en matière de liberté personnelle, et tels que les percepteurs des revenus publics, en matière d'imposition. Ceux qui ont cru écrire contre moi, ont écrit en réalité contre notre Code, tel qu'il est en vigueur, et tel qu'il doit être observé journellement.

mille dans les autres degrés de la hiérarchie. Ces inviolables pouvaient tout faire sans qu'aucun tribunal pût instruire contre eux, tant que l'autorité supérieure gardait le silence. L'acte constitutionnel que nous possédons, a fait disparaître cette disposition monstrueuse; le même gouvernement qui a consacré la liberté de la presse, que les ministres de Louis XVIII avait essayé de nous ravir, le même gouvernement qui a formellement renoncé à la faculté d'exiler, que les ministres de Louis XVIII avaient réclamée, ce même gouvernement a rendu aux citoyens leur action légitime contre tous les agens du pouvoir.

CHAPITRE XII.

Du Pouvoir municipal, des autorités locales, et d'un nouveau genre de fédéralisme.

La constitution ne prononce rien sur le pouvoir municipal, ou sur la composition des autorités locales, dans les diverses parties de la France. Les représentans de la nation auront à s'en occuper, aussitôt que la paix nous aura rendu le calme nécessaire pour améliorer notre organisation intérieure: et c'est, après la défense nationale, l'objet le plus important qui puisse appeler leurs méditations. Il n'est donc pas déplacé d'en traiter ici.

La direction des affaires de tous appartient à tous, c'est-à-dire aux représentans et aux délégués de tous. Ce qui n'intéresse qu'une fraction doit être décidé par cette fraction: ce qui n'a de rapport qu'avec l'individu ne doit être soumis qu'à l'individu. L'on ne saurait trop répéter que la volonté générale n'est pas plus respectable que la volonté particulière, dès qu'elle sort de sa sphère.

Supposez une nation d'un million d'individus, répartis dans un nombre quelconque de communes : Dans chaque commune, chaque individu aura des intérêts qui ne regarderont que lui, et qui, par conséquent, ne devront pas être soumis à la jurisdiction de la commune. Il en aura d'autres, qui intéresseront les autres habitans de la commune, et ces intérêts seront de la compétence communale. Ces communes à leur tour auront des intérêts qui ne regarderont que leur intérieur, et d'autres qui s'étendront à un arrondissement. Les premiers seront du ressort purement communal, les seconds du ressort de l'arrondissement et ainsi de suite, jusqu'aux intérêts généraux, communs à chacun des individus formant le million qui compose la peuplade. Il est évident que ce n'est que sur les intérêts de ce dernier genre que la peuplade entière ou ses représentans ont une jurisdiction légitime : et que s'ils s'immiscent dans les intérêts d'arrondissement, de commune ou d'individu, ils excèdent leur compétence. Il en serait de même de l'arrondissement qui s'immiscerait dans les intérêts particuliers d'une commune, ou de la commune qui attenterait à l'intérêt purement individuel de l'un de ses membres.

L'autorité nationale, l'autorité d'arrondissement, l'autorité communale, doivent rester chacune dans leur sphère, et ceci nous conduit à établir une vérité que nous regardons comme fondamentale. L'on a considéré jusqu'à présent le pouvoir local comme une branche dépendante du pouvoir exécutif : au contraire, il ne doit jamais l'entraver, mais il ne doit point en dépendre.

Si l'on confie aux mêmes mains les intérêts des fractions et ceux de l'état, ou si l'on fait des dépositaires de ces premiers intérêts les agens des dépositaires des seconds, il en résultera des inconvéniens de plusieurs genres, et les inconvéniens mêmes qui auraient l'air de s'exclure coexisteront. Souvent l'exécution des lois sera entravée, parce que les exécuteurs de ces lois, étant en même tems les dépositaires des intérêts de leurs administrés, voudront ménager les intérêts qu'ils seront chargés de défendre, aux dépens des lois qu'ils seront chargés de faire exécuter. Souvent aussi, les intérêts des administrés seront froissés, parce que les administrateurs voudront plaire à une autorité supérieure : et d'ordinaire, ces deux maux auront lieu simultanément. Les lois générales seront mal exécutées, et les intérêts partiels mal ménagés. Quiconque a réfléchi sur l'organisation du pouvoir municipal dans les diverses constitutions que nous avons eues, a dû se convaincre qu'il a fallu toujours effort de la part du pouvoir exécutif pour faire exécuter les lois, et qu'il a toujours existé une opposition sourde ou du moins une résistance d'inertie dans le pouvoir municipal. Cette pression constante de la part du premier de ces pouvoirs, cette opposition sourde de la part du second, étaient des causes de dissolution toujours imminentes. On se ressouvient encore des plaintes du pouvoir exécutif, sous la constitution de 1791, sur ce que le pouvoir municipal était en hostilité permanente contre lui; et sous la constitution de l'an 3, sur ce que l'administration locale était dans un état de stagnation et de nullité. C'est que dans la première de ces constitutions, il n'existait point dans les administrations locales, d'agens réellement soumis au pouvoir exécutif, et que dans la seconde, ces administrations étaient dans une telle dépendance, qu'il en résultait l'apathie et le découragement.

Aussi long-tems que vous ferez des membres du pouvoir municipal des agens subordonnés au pouvoir exécutif, il faudra donner à ce dernier le droit de destitution, de sorte que votre pouvoir municipal ne sera qu'un vain fantôme. Si vous le faites nommer par le peuple, cette nomination ne servira qu'à lui prêter l'apparence d'une mission populaire, qui le mettra en hostilité avec l'autorité supérieure, et lui imposera des devoirs qu'il n'aura pas la possibilité de remplir. Le peuple n'aura nommé ses administrateurs que pour voir annuller ses choix, et pour être blessé sans cesse par l'exercice d'une force étrangère, qui, sous le prétexte de l'intérêt général, se mêlera des intérêts particuliers qui devraient être le plus indépendans d'elle.

L'obligation de motiver les destitutions, n'est pour le pouvoir exécutif qu'une formalité dérisoire. Nul n'étant juge de ses motifs, cette obligation l'engage seulement à décrier ceux qu'il destitue.

Le pouvoir municipal doit occuper, dans l'administration, la place des juges de paix dans l'ordre judiciaire. Il n'est un pouvoir que relativement aux administrés, ou plutôt c'est leur fondé de pouvoir pour les affaires qui ne regardent qu'eux.

Que si l'on objecte que les administrés ne voudront pas obéir au pouvoir municipal, parce qu'il ne sera entouré que de peu de forces, je répondrai qu'ils lui obéiront, parce que ce sera leur intérêt. Des hommes rapprochés les uns des autres, ont intérêt à ne pas se nuire, à ne pas s'aliéner leurs affections réciproques, et par conséquent à observer les règles domestiques, et pour ainsi dire de famille, qu'ils se sont imposées. Enfin, si la désobéissance des citoyens portait sur des objets d'ordre public, le pouvoir exécutif interviendrait, comme veillant au maintien de l'ordre; mais il interviendrait avec des agens directs et distincts des administrateurs municipaux.

Au reste, l'on suppose trop gratuitement que les hommes ont du penchant à la résistance.

Leur disposition naturelle est d'obéir, quand on ne les vexe ni ne les irrite. Au commencement de la révolution d'Amérique, depuis le mois de septembre 1774, jusqu'au mois de mai 1775, le congrès n'était qu'une députation de législateurs des différentes provinces, et n'avait d'autre autorité que celle qu'on lui accordait volontairement. Il ne décrétait, ne promulguait point de lois. Il se contentait d'émettre des recommandations aux assemblées provinciales, qui étaient libres de ne pas s'y conformer. Rien de sa part n'était coercitif. Il fut néanmoins plus cordialement obéi qu'aucun gouvernement de l'Europe. Je ne cite pas ce fait comme modèle, mais comme exemple.

Je n'hésite pas à le dire, il faut introduire dans notre administration intérieure beaucoup de fédéralisme, mais un fédéralisme différent de celui qu'on a connu jusqu'ici.

L'on a nommé fédéralisme une association de gouvernemens qui avaient conservé leur indépendance mutuelle, et ne tenaient ensemble que par des liens politiques extérieurs. Cette institution est singulièrement vicieuse. Les états fédérés réclament d'une part sur les individus ou les portions de leur territoire une jurisdiction qu'ils ne devraient point avoir, et de l'autre ils prétendent conserver à l'égard du pouvoir central une indépendance qui ne doit pas exister. Ainsi le fédéralisme est compatible, tantôt avec le despotisme dans l'intérieur, et tantôt à l'extérieur avec l'anarchie.

La constitution intérieure d'un état et ses relations extérieures sont intimement liées. Il est absurde de vouloir les séparer, et soumettre les secondes à la suprématie du lien fédéral, en laissant à la première une indépendance complette. Un individu prêt à entrer en société avec d'autres individus, a le droit, l'intérêt et le devoir de prendre des informations sur leur vie privée, parce que de leur vie privée dépend l'exécution de leurs engagemens à son égard. De même une société qui veut se réunir avec une autre société, a le droit, le devoir et l'intérêt de s'informer de sa constitution intérieure. Il doit même s'établir entr'elles une influence réciproque sur cette constitution intérieure, parce que des principes de leurs constitutions peut dépendre l'exécution de leurs engagemens respectifs, la sûreté du pays, par exemple, en cas d'invasion; chaque société partielle, chaque fraction doit en conséquence être dans une dépendance plus ou moins grande, même pour ses arrangemens intérieurs, de l'association générale. Mais en même tems il faut que les arrangemens intérieurs des fractions particulières, dès qu'ils n'ont aucune influence sur l'association générale, restent dans une indépendance parfaite, et comme dans l'existence individuelle, la portion qui ne menace en rien l'intérêt social, doit demeurer libre, de même tout ce qui ne nuit pas à l'ensemble dans l'existence des fractions, doit jouir de la même liberté.

Tel est le fédéralisme qu'il me semble utile et possible d'établir parmi nous. Si nous n'y réussissons pas, nous n'aurons jamais un patriotisme paisible et durable. Le patriotisme qui naît des localités, est, aujourd'hui surtout, le seul véritable. On retrouve partout les jouissances de la vie sociale. Il n'y a que les habitudes et les souvenirs qu'on ne retrouve pas. Il faut donc attacher les hommes aux lieux qui leur présentent des souvenirs et des habitudes, et pour atteindre ce but, il faut leur accorder, dans leurs domiciles, au sein de leurs communes, dans leurs arrondissemens, autant d'importance politique qu'on peut le faire sans blesser le lien général.

La nature favoriserait les gouvernemens dans cette tendance, s'ils n'y résistaient pas. Le patriotisme de localité renaît comme de ses cendres, dès que la main du pouvoir allége un instant son action. Les magistrats des plus petites communes se plaisent à les embellir. Ils en entretiennent avec soin les monumens antiques. Il y a presque dans chaque village un érudit, qui aime à raconter ses rustiques annales, et qu'on écoute avec respect. Les habitans trouvent du plaisir à tout ce qui leur donne l'apparence, même trompeuse, d'être constitués en corps de nation, et réunis par des liens particuliers. On sent que, s'ils n'étaient arrêtés dans le développement de cette inclination innocente et bienfaisante, il se formerait bientôt en eux une sorte d'honneur communal, pour ainsi dire, d'honneur de ville, d'honneur de province qui serait à-la-fois une jouissance et une vertu. L'attachement aux coutumes locales tient à tous les sentimens désintéressés, nobles et pieux. C'est une politique déplorable que celle qui en fait de la rébellion. Qu'arrive-t-il aussi? que dans les états où l'on détruit ainsi toute vie partielle, un petit état se forme au centre; dans la capitale s'agglomèrent tous les intérêts; là vont s'agiter toutes les ambitions. Le reste est immobile. Les individus, perdus dans un isolement contre nature, étrangers au lieu de leur naissance, sans contact avec le passé, ne vivant que dans un présent rapide, et jetés comme des atômes sur une plaine immense et nivelée, se détachent d'une patrie qu'ils n'aperçoivent nulle part, et dont l'ensemble leur devient indifférent, parce que leur affection ne peut se reposer sur aucune de ses parties. (1)

---

(1) C'est avec un vif plaisir que je me trouve d'accord sur ce point avec un de mes collégues et de mes amis les plus intimes, dont les lumières sont aussi étendues que son caractère est estimable, M. Degerando. On craint, dit-il dans des lettres manuscrites qu'il a bien voulu me communiquer, on craint ce qu'on appelle l'esprit de localité. Nous avons aussi nos craintes : nous craignons ce qui

est vague, indéfini à force d'être général. Nous ne croyons point, comme les Scholastiques, *à la réalité des universaux* en eux-mêmes. Nous ne pensons pas qu'il y ait dans un état d'autres intérêts réels, que les intérêts locaux, réunis lorsqu'ils sont les mêmes, balancés lorsqu'ils sont divers, mais connus et sentis dans tous les cas.... Les liens particuliers fortifient le lien général, au lieu de l'affaiblir. Dans la gradation des sentimens et des idées, on tient d'abord à sa famille, puis à sa cité, puis à sa province, puis à l'Etat. Brisez les intermédiaires, vous n'aurez pas raccourci la chaîne, vous l'aurez détruite. Le soldat porte dans son cœur l'honneur de sa compagnie, de son bataillon, de son régiment, et c'est ainsi qu'il concourt à la gloire de l'armée entière. Multipliez, multipliez les faisceaux qui unissent les hommes. Personnifiez la patrie sur tous les points, dans vos institutions locales, comme dans autant de miroirs fidèles.

CHAPITRE XIII.

Du Droit de Paix et de Guerre.

Ceux qui ont reproché à notre constitution de ne pas avoir suffisamment limité la prérogative du gouvernement, relativement au droit de paix et de guerre, ont envisagé la question d'une manière très-superficielle, et se sont laissé dominer par leurs souvenirs, au lieu de raisonner d'après des principes. L'opinion publique ne se trompe presque jamais, sur la légitimité des guerres que les gouvernemens entreprennent : mais des maximes précises à cet égard sont impossibles à établir.

Dire qu'il faut s'en tenir à la défensive, c'est ne rien dire. Il est facile au chef d'un état de réduire par des insultes, des menaces, des préparatifs hostiles, son voisin à l'attaquer, et dans ce cas, le coupable n'est pas l'agresseur, mais celui qui a réduit l'autre à chercher son salut dans l'agression. Ainsi la défensive peut n'être quelquefois qu'une adroite hypocrisie, et l'offensive devenir une précaution de défense légitime.

Interdire aux gouvernemens de continuer les hostilités au-delà des frontières, est encore une précaution illusoire. Quand les ennemis nous ont attaqué gratuitement, et que nous les repoussons hors de nos limites, faudra-t-il, en nous arrêtant devant une ligne idéale, leur donner le tems de réparer leurs pertes et de recommencer leurs efforts?

La seule garantie possible contre les guerres inutiles ou injustes, c'est l'énergie des assemblées représentatives. Elles accordent les levées d'hommes, elles consentent les impôts. C'est donc à elles et au sentiment national qui doit les diriger, qu'il faut s'en remettre, soit pour appuyer le pouvoir exécutif, quand la guerre est juste, dût-elle être portée hors du territoire, dans le but de mettre l'ennemi hors d'état de nuire, soit pour contraindre ce même pouvoir exécutif à faire la paix, quand l'objet de la défense est atteint, et que la sécurité est assurée.

Notre constitution contient sur ce point toutes les dispositions nécessaires et les seules dispositions raisonnables.

Elle ne soumet pas aux représentans du peuple la ratification des traités, sauf les cas d'échange d'une portion de territoire, et avec raison. Cette prérogative accordée aux assemblées, ne sert qu'à jeter sur elles de la défaveur. Après la conclusion d'un traité, le rompre est toujours une résolution violente et odieuse : c'est en quelque sorte enfreindre le droit des nations, qui ne communiquent entre elles que par leurs gouvernemens. La connaissance des faits manque toujours à une assemblée. Elle ne peut, en conséquence, être juge de la nécessité d'un traité de paix. Quand la constitution l'en fait juge, les ministres peuvent entourer la représentation nationale de la haine populaire. Un seul article jeté avec adresse au milieu des conditions de la paix, place une assemblée dans l'alternative, ou de perpétuer la guerre, ou de sanctionner des dispositions attentatoires à la liberté ou à l'honneur.

L'Angleterre mérite encore ici de nous servir de modèle. Les traités sont examinés par le parlement, non pour les rejeter ou pour les admettre, mais pour déterminer si les ministres ont rempli leur devoir dans les négociations. La désapprobation du traité n'a de résultat que le renvoi ou l'accusation du ministre qui a mal servi son pays. Cette question n'arme point la masse du peuple, avide de repos, contre l'assemblée qui paraîtrait vouloir lui en disputer la jouissance, et cette faculté contient toutefois les ministres avant la conclusion des traités.

CHAPITRE XIV.

De l'Organisation de la force armée dans un Etat constitutionnel.

Il existe dans tous les pays, et surtout dans les grands états modernes, une force qui n'est pas un pouvoir constitutionnel, mais qui en est un terrible par le fait, c'est la force armée.

En traitant la question difficile de son organisation, l'on se sent arrêté d'abord par mille souvenirs de gloire qui nous entourent et nous éblouissent, par mille sentimens de reconnaissance qui nous entrainent et nous subjuguent. Certes, en rappelant contre la puissance militaire une défiance que tous les législateurs ont conçue, en démontrant que l'état présent de l'Europe ajoute aux dangers qui ont existé de tout tems, en fesant voir combien il est difficile que des armées, quels que soient leurs élémens primitifs, ne contractent pas involontairement un esprit distinct de celui du peuple, nous ne voulons pas faire injure à ceux qui ont si glorieusement défendu l'indépendance nationale, à ceux qui par tant d'exploits immortels ont fondé la liberté française. Lorsque des ennemis osent attaquer un peuple jusques sur son territoire, les citoyens deviennent soldats pour le repousser. Ils étaient citoyens, ils étaient les premiers des citoyens, ceux qui ont affranchi nos frontières de l'étranger qui les profanait, ceux qui ont renversé dans la poudre les rois qui nous avaient provoqués. Cette gloire qu'ils ont acquise, ils vont la couronner encore par une gloire nouvelle. Une agression plus injuste que celle qu'ils ont châtiée il y a vingt ans, les appelle à de nouveaux efforts et à de nouveaux triomphes.

Mais des circonstances extraordinaires n'ont nul rapport avec l'organisation habituelle de la force armée, et c'est d'un état stable et régulier que nous avons à parler.

Nous commencerons par rejeter ces plans chimériques de dissolution de toute armée permanente, plans que nous ont offert plusieurs fois dans leurs écrits des rêveurs philantropes. Lors même que ce projet serait exécutable, il ne serait pas exécuté. Or, nous n'écrivons pas pour développer de vaines théories, mais pour établir, s'il se peut, quelques vérités pratiques. Nous posons donc pour première base que la situation du monde moderne, les relations des peuples entr'eux, la nature actuelle des choses, en un mot, nécessitent pour tous les gouvernemens et toutes les nations, des troupes soldées et perpétuellement sur pied.

Faute d'avoir ainsi posé la question, l'auteur de l'esprit des lois, ne la résout point. Il dit d'abord (1) qu'il faut que l'armée soit peuple et qu'elle ait le même esprit que le peuple, et pour lui donner cet esprit, il propose que ceux qu'on emploie dans l'armée, aient assez de bien pour répondre de leur conduite, et ne soient enrôlés que pour un an, deux conditions impossibles parmi nous. Que s'il y a un corps de troupes permanent, il veut que la puissance législative le puisse dissoudre à son gré. Mais ce corps

(1) Esp. des Lois. XI. 6.

de troupes, revêtu qu'il sera de toute la force matérielle de l'état, pliera-t-il sans murmure devant une autorité morale? Montesquieu établit fort bien ce qui devrait être, mais il ne donne aucun moyen pour que cela soit.

Si la liberté depuis cent ans s'est maintenue en Angleterre, c'est qu'aucune force militaire n'est nécessaire dans l'intérieur; et cette circonstance particulière à une île, rend son exemple inapplicable au continent. L'assemblée constituante s'est débattue contre cette difficulté presqu'insoluble. Elle a senti que remettre au roi la disposition de deux cent mille hommes assermentés à l'obéissance, et soumis à des chefs nommés par lui, serait mettre en danger toute constitution. Elle a en conséquence tellement relâché les liens de la discipline, qu'une armée formée d'après ces principes, eut été bien moins une force militaire qu'un rassemblement anarchique. Nos premiers revers, l'impossibilité que des Français soient long-tems vaincus, la nécessité de soutenir une lutte inouie dans les fastes de l'histoire, ont réparé les erreurs de l'assemblée constituante : mais la force armée est redevenue plus redoutable que jamais.

Une armée de citoyens n'est possible que lorsqu'une nation est renfermée dans d'étroites limites. Alors les soldats de cette nation peuvent être obéissans, et cependant raisonner l'obéissance. Placés au sein de leur pays natal, dans leurs foyers, entre des gouvernans et des gouvernés qu'ils connaissent, leur intelligence entre pour quelque chose dans leur soumission; mais un vaste empire rend cette hypothèse absolument chimérique. Un vaste empire nécessite dans les soldats une subordination qui en fait des agens passifs et irréfléchis. Aussitôt qu'ils sont déplacés, ils perdent toutes les données antérieures qui pouvaient éclairer leur jugement. Dès qu'une armée se trouve en présence d'inconnus, de quelques élémens qu'elle se compose, elle n'est qu'une force qui peut indifféremment servir ou détruire. Envoyez aux Pyrénées l'habitant du Jura, et celui du Var dans les Vosges, ces hommes, soumis à la discipline qui les isole des naturels du pays, ne verront que leurs chefs, ne connaîtront qu'eux. Citoyens dans le lieu de leur naissance, ils seront des soldats par-tout ailleurs.

En conséquence, les employer dans l'intérieur d'un pays, c'est exposer ce pays à tous les inconvéniens dont une grande force militaire menace la liberté, et c'est ce qui a perdu tant de peuples libres.

Leurs gouvernemens ont appliqué au maintien de l'ordre intérieur, des principes qui ne conviennent qu'à la défense extérieure. Ramenant dans leur patrie des soldats vainqueurs, auxquels, avec raison, ils avaient hors du territoire commandé l'obéissance passive, ils ont continué à leur commander cette obéissance contre leurs concitoyens. La question était pourtant toute différente. Pourquoi des soldats, qui marchent contre une armée ennemie, sont-ils dispensés de tout raisonnement? C'est que la couleur seule des drapeaux de cette armée prouve avec évidence ses desseins hostiles, et que cette évidence supplée à tout examen. Mais lorsqu'il s'agit des citoyens, cette évidence n'existe pas: l'absence du raisonnement prend alors un tout autre caractère. Il y a de certaines armes, dont le droit des gens interdit l'usage, même aux nations qui se font la guerre ; ce que ces armes prohibées sont entre les peuples, la force militaire doit l'être entre les gouvernans et les gouvernés : un moyen qui peut asservir toute une nation, est trop dangereux, pour être employé contre les crimes des individus.

La force armée a trois objets différens.

Le premier, c'est de repousser les étrangers. N'est-il pas naturel de placer les troupes destinées à atteindre ce but, le plus près de ces étrangers qu'il est possible, c'est-à-dire, sur les frontières ? Nous n'avons nul besoin de défense contre l'ennemi, là où l'ennemi n'est pas.

Le second objet de la force armée, c'est de réprimer les délits privés, commis dans l'intérieur. La force destinée à réprimer ces délits doit être absolument différente de l'armée de ligne. Les Américains l'ont senti. Pas un soldat ne paraît sur leur vaste territoire pour le maintien de l'ordre public ; tout citoyen doit assistance au magistrat dans l'exercice de ses fonctions ; mais cette obligation a l'inconvénient d'imposer aux citoyens des devoirs odieux. Dans nos cités populeuses, avec nos relations multipliées, l'activité de notre vie, nos affaires, nos occupations et nos plaisirs, l'exécution d'une loi pareille serait vexatoire ou plutôt impossible; chaque jour cent citoyens seraient arrêtés, pour avoir refusé leur concours à l'arrestation d'un seul : il faut donc que des hommes salariés se chargent volontairement de ces tristes fonctions. C'est un malheur sans doute que de créer une classe d'hommes pour les vouer exclusivement à la poursuite de leurs semblables; mais ce mal est moins grand que de flétrir l'âme de tous les membres de la société, en les forçant à prêter leur assistance à des mesures dont ils ne peuvent apprécier la justice.

Voici donc déjà deux classes de force armée. L'une sera composée de soldats proprement dits, stationnaires sur les frontières, et qui assureront la défense extérieure; elle sera distribuée en différens corps, soumise à des chefs sans relations entre eux, et placée de manière à pouvoir être réunie sous un seul en cas d'attaque. L'autre partie de la force armée sera destinée au maintien de la police. Cette seconde classe de la force armée n'aura pas les dangers d'un grand établissement militaire; elle sera disséminée sur toute l'étendue du territoire; car elle ne pourrait être réunie sur un point, sans laisser sur tous les autres les criminels impunis. Cette troupe saura elle-même quelle est sa destination. Accoutumée à poursuivre plutôt qu'à combattre, à surveiller plutôt qu'à conquérir, n'ayant jamais goûté l'ivresse de la victoire, le nom de ses chefs ne l'entraînera point au-delà de ses devoirs, et toutes les autorités de l'état seront sacrées pour elle.

Le troisième objet de la force armée, c'est de comprimer les troubles, les séditions. La troupe destinée à réprimer les délits ordinaires ne suffit pas. Mais pourquoi recourir à l'armée de ligne ? N'avons-nous pas la garde nationale, composée de propriétaires et de citoyens? J'aurais bien mauvaise opinion de la moralité ou du bonheur d'un peuple, si une telle garde nationale se montrait favorable à des rebelles, ou si elle répugnait à les ramener à l'obéissance légitime.

Remarquez que le motif qui rend nécessaire une troupe spéciale contre les délits privés, ne subsiste pas quand il s'agit de crimes publics. Ce qui est douloureux dans la répression du crime, ce n'est pas l'attaque, le combat, le péril; c'est l'espionnage, la poursuite, la nécessité d'être dix contre un, d'arrêter, de saisir, même des coupables, quand ils sont sans armes. Mais contre des désordres plus graves, des rébellions, des attroupemens, les citoyens qui aimeront la constitution de leur pays, et tous l'aimeront, puisque leurs propriétés et leurs libertés seront garanties par elle, s'empresseront d'offrir leurs secours.

Dira-t-on que la diminution qui résulterait, pour la force militaire, de ne la placer que sur les frontières, encouragerait les peuples voisins à nous attaquer? Cette diminution, qu'il ne faudrait certainement pas exagérer, laisserait toujours un centre d'armée, autour duquel les gardes nationales, déjà exercées, se rallieraient contre une agression; et si vos institutions sont libres, ne doutez pas de leur zèle. Des citoyens ne sont pas lents à défendre leur patrie, quand ils en ont une; ils accourent pour le maintien de leur indépendance au dehors, lorsqu'au dedans ils possèdent la liberté.

Tels sont, ce me semble, les principes qui

doivent présider à l'organisation de la force armée dans un état constitutionnel. Recevons nos défenseurs avec reconnaissance, avec enthousiasme : mais qu'ils cessent d'être soldats pour nous, qu'ils soient nos égaux et nos frères; tout esprit militaire, toute théorie de subordination passive, tout ce qui rend les guerriers redoutables à nos ennemis, doit être déposé sur la frontière de tout état libre. Ces moyens sont nécessaires contre les étrangers avec lesquels nous sommes toujours, sinon en guerre, du moins en défiance : mais les citoyens, même coupables, ont des droits imprescriptibles que ne possèdent pas les étrangers.

CHAPITRE XV.

De l'Inviolabilité des Propriétés.

J'ai dit dans le premier chapitre de cet ouvrage, que les citoyens possédaient des droits individuels, indépendans de toute autorité sociale, et que ces droits étaient la liberté personnelle, la liberté religieuse, la liberté d'opinion, la garantie contre l'arbitraire, et la jouissance de la propriété.

Je distingue néanmoins les droits de la propriété des autres droits des individus.

Plusieurs de ceux qui ont défendu la propriété, par des raisonnemens abstraits, me semblent être tombés dans une erreur grave: ils ont représenté la propriété comme quelque chose de mystérieux, d'antérieur à la société, d'indépendant d'elle. Aucune de ces assertions n'est vraie. La propriété n'est point antérieure à la société, car sans l'association qui lui donne une garantie, elle ne serait que le droit du premier occupant, en d'autres mots, le droit de la force, c'est-à-dire un droit qui n'en est pas un. La propriété n'est point indépendante de la société, car un état social, à la vérité très-misérable, peut être conçu sans propriété, tandis qu'on ne peut imaginer de propriété sans état social.

La propriété existe de par la société; la société a trouvé que le meilleur moyen de faire jouir ses membres des biens communs à tous, ou disputés par tous avant son institution, était d'en concéder une partie à chacun, ou plutôt de maintenir chacun dans la partie qu'il se trouvait occuper, en lui en garantissant la jouissance, avec les changemens que cette jouissance pourrait éprouver, soit par les chances multipliées du hasard, soit par les degrés inégaux de l'industrie.

La propriété n'est autre chose qu'une convention sociale; mais de ce que nous la reconnaissons pour telle, il ne s'en suit pas que nous l'envisagions comme moins sacrée, moins inviolable, moins nécessaire, que les écrivains qui adoptent un autre système. Quelques philosophes ont considéré son établissement comme un mal, son abolition comme possible; mais ils ont eu recours, pour appuyer leurs théories, à une foule de suppositions dont quelques-unes peuvent ne se réaliser jamais, et dont les moins chimériques sont reléguées à une époque qu'il ne nous est pas même permis de prévoir: non-seulement ils ont pris pour base un accroissement de lumières auquel l'homme arrivera peut-être, mais sur lequel il serait absurde de fonder nos institutions présentes; mais ils ont établi comme démontrée, une diminution du travail actuellement requis, pour la subsistance de l'espèce humaine, telle que cette diminution dépasse toute invention même soupçonnée. Certainement chacune de nos découvertes en mécanique, qui remplacent par des instrumens et des machines la force physique de l'homme, est une conquête pour la pensée : et d'après les lois de la nature, ces conquêtes devenant plus faciles, à mesure qu'elles se multiplient, doivent se succéder avec une vîtesse accélérée; mais il y a loin encore de ce que nous avons fait, et même de ce que nous pouvons imaginer en ce genre, à une exemption totale de travail manuel; néanmoins cette exemption serait indispensable pour rendre possible l'abolition de la propriété, à moins qu'on ne voulût, comme quelques-uns de ces écrivains le demandent, répartir ce travail également entre tous les membres de l'association ; mais cette répartition, si elle n'était pas une rêverie, irait contre son but même, enleverait à la pensée le loisir qui doit la rendre forte et profonde, à l'industrie la persévérance qui la porte à la perfection, à toutes les classes, les avantages de l'habitude, de l'unité du but, et de la centralisation des forces. Sans propriété, l'espèce humaine existerait stationnaire et dans le dégré le plus brut et le plus sauvage de son existence. Chacun chargé de pourvoir seul à tous ses besoins, partagerait ses forces pour y subvenir, et courbé sous le poids de ces soins multipliés, n'avancerait jamais d'un pas. L'abolition de la propriété serait destructive de la division du travail, base du perfectionnement de tous les arts, et de toutes les sciences. La faculté progressive, espoir favori des écrivains que je combats, périrait faute de tems et d'indépendance, et l'égalité grossière et forcée qu'ils nous recommandent, mettrait un obstacle invincible à l'établissement graduel de l'égalité véritable, celle du bonheur et des lumières.

La propriété, en sa qualité de convention sociale, est de la compétence et sous la juridiction de la société. La société possède sur elle des droits qu'elle n'a point sur la liberté, la vie, et les opinions de ses membres.

Mais la propriété se lie intimément à d'autres parties de l'existence humaine, dont les unes ne sont pas du tout soumises à la juridiction collective, et dont les autres ne sont soumises à cette jurisdiction, que d'une manière limitée. La société doit en conséquence restreindre son action sur la propriété, parce qu'elle ne pourrait l'exercer dans toute son étendue, sans porter atteinte à des objets qui ne lui sont pas subordonnés.

L'arbitraire sur la propriété est bientôt suivi de l'arbitraire sur les personnes : premièrement, parce que l'arbitraire est contagieux ; en second lieu, parce que la violation de la propriété provoque nécessairement la résistance. L'autorité sévit alors contre l'opprimé qui résiste ; et, parce qu'elle a voulu lui ravir son bien, elle est conduite à porter atteinte à sa liberté.

Je ne traiterai pas dans ce chapitre des confiscations illégales et autres attentats politiques contre la propriété. L'on ne peut considérer ces violences comme des pratiques usitées par les gouvernemens réguliers; elles sont de la nature de toutes les mesures arbitraires; elles n'en sont qu'une partie et une partie inséparable; le mépris pour la fortune des hommes suit de près le mépris pour leur sûreté et pour leur vie.

J'observerai seulement que, par des mesures pareilles, les gouvernemens gagnent bien moins qu'ils ne perdent. « Les rois, dit » Louis XIV dans ses mémoires, sont sei» gneurs absolus et ont naturellement la dis» position pleine et libre de tous les biens de » leurs sujets. » Mais quand les rois se regardent comme seigneurs absolus de tout ce que possèdent leurs sujets, les sujets enfouissent ce qu'ils possèdent ou le dissipent; s'ils l'enfouissent, c'est autant de perdu pour l'agriculture, pour le commerce, pour l'industrie, pour tous les genres de prospérité; s'ils le prodiguent pour des jouissances frivoles, grossières et improductives, c'est encore autant de détourné des emplois utiles et des spéculations reproductrices. Sans la sécurité, l'économie devient duperie, et la modération imprudence. Lorsque tout peut être enlevé, il faut conquérir le plus qu'il est possible, parce que l'on a plus de chances de soustraire quelque chose à la spoliation. Lorsque tout peut être enlevé, il faut dépenser le plus qu'il est possible, parce que tout ce qu'on dépense est autant d'arraché à l'arbitraire. Louis XIV croyait dire une chose bien favorable à la richesse des rois; il disait une chose qui devait ruiner les rois, en ruinant les peuples.

Il y a d'autres espèces de spoliations moins directes dont je crois utile de parler avec un peu plus d'étendue (1). Les gouvernemens se

---

(1) Je dois prévenir le lecteur que dans ce chapitre se trouvent semées çà et là des phrases tirées des meilleurs auteurs sur l'économie politique et le crédit public. J'ai transcrit quelquefois leurs propres paroles, ne croyant pas devoir les changer pour dire moins bien ce qu'ils avaient dit. Mais je n'ai pu toujours les citer, parce que j'ai rédigé ce chapitre de mémoire, sans avoir mes notes sous les yeux.

les permettent pour diminuer leurs dettes ou accroître leurs ressources, tantôt sous le prétexte de la nécessité, quelquefois sous celui de la justice, toujours en alléguant l'intérêt de l'Etat : car de même que les apôtres zélés de la souveraineté du peuple pensent que la liberté publique gagne aux entraves mises à la liberté individuelle, beaucoup de financiers de nos jours semblent croire que l'Etat s'enrichit de la ruine des individus. Honneur à notre gouvernement qui a repoussé ces sophismes et s'est interdit ces erreurs par un article positif de notre acte constitutionnel (1) !

Les atteintes indirectes à la propriété, qui vont faire le sujet des observations suivantes, se divisent en deux classes.

Je mets dans la première les banqueroutes partielles ou totales, la réduction des dettes nationales, soit en capitaux, soit en intérêts, le paiement de ces dettes en effets d'une valeur inférieure à leur valeur nominale, l'altération des monnaies, les retenues, etc.

---

(1) Toutes les créances sur l'Etat sont inviolables. Art. 65.

Je comprends dans la seconde les actes d'autorité contre les hommes qui ont traité avec les gouvernemens, pour leur fournir les objets nécessaires à leurs entreprises militaires ou civiles, les lois ou mesures rétroactives contre les enrichis, les chambres ardentes, l'annulation des contrats, des concessions, des ventes faites par l'Etat à des particuliers.

Quelques écrivains ont considéré l'établissement des dettes publiques comme une cause de prospérité; je suis d'une toute autre opinion. Les dettes publiques ont créé une propriété d'espèce nouvelle qui n'attache point son possesseur au sol, comme la propriété foncière, qui n'exige ni travail assidu, ni spéculations difficiles, comme la propriété industrielle, enfin qui ne suppose point des talens distingués, comme la propriété que nous avons nommée intellectuelle. Le créancier de l'Etat n'est intéressé à la prospérité de son pays, que comme tout créancier l'est à la richesse de son débiteur. Pourvu que ce dernier le paye, il est satisfait; et les négociations qui ont pour but d'assurer son paiement, lui semblent toujours suffisamment bonnes, quelques dispendieuses qu'elles puissent être. La faculté qu'il a d'aliéner sa créance, le rend indifférent à la chance probable, mais éloignée, de la ruine nationale. Il n'y a pas un coin de terre, pas une manufacture, pas une source de productions, dont il ne contemple l'appauvrissement avec insouciance, aussi long-tems qu'il y a d'autres ressources qui subviennent à l'acquittement de ses revenus. (1)

La propriété dans les fonds publics est d'une nature essentiellement égoïste et solitaire, et qui devient facilement hostile, parce qu'elle n'existe qu'aux dépens des autres. Par un effet remarquable de l'organisation compliquée des sociétés modernes, tandis que l'intérêt naturel de toute nation est que les impôts soient réduits à la somme la moins élevée qu'il est possible, la création d'une dette publique fait que l'intérêt d'une partie de chaque nation est l'accroissement des impôts. (2)

---

(1) Smith. Rich. des Nat. V. 3.

(2) Administr. des Fin. II. 378-379.

Mais quels que soient les effets fâcheux des dettes publiques, c'est un mal devenu inévitable pour les grands Etats. Ceux qui subviennent habituellement aux dépenses nationales par des impôts, sont presque toujours forcés d'anticiper, et leurs anticipations forment une dette : ils sont de plus, à la première circonstance extraordinaire, obligés d'emprunter. Quant à ceux qui ont adopté le systême des emprunts préférablement à celui des impôts, et qui n'établissent de contributions que pour faire face aux intérêts de leurs emprunts, (tel est à peu près de nos jours le systême de l'Angleterre) une dette publique est inséparable de leur existence. Ainsi, recommander aux Etats modernes de renoncer aux ressources que le crédit leur offre, serait une vaine tentative.

Or, dès qu'une dette nationale existe, il n'y a qu'un moyen d'en adoucir les effets nuisibles, c'est de la respecter scrupuleusement. On lui donne de la sorte une stabilité qui l'assimile autant que le permet sa nature aux autres genres de propriétés.

La mauvaise foi ne peut jamais être un remède à rien. En ne payant pas les dettes publiques, l'on ajouterait, aux conséquences immorales d'une propriété qui donne à ses possesseurs des intérêts différens de ceux de la nation dont ils font partie, les conséquences plus funestes encore de l'incertitude et de l'arbitraire. L'arbitraire et l'incertitude sont les premières causes de ce qu'on a nommé l'agiotage. Il ne se développe jamais avec plus de force et d'activité que lorsque l'état viole ses engagemens : tous les citoyens sont réduits alors à chercher dans le hasard des spéculations, quelques dédommagemens aux pertes que l'autorité leur fait éprouver.

Toute distinction entre les créanciers, toute inquisition dans les transactions des individus, toute recherche de la route que les effets publics ont suivie, et des mains qu'ils ont traversées jusqu'à leur échéance, est une banqueroute. Un Etat contracte des dettes et donne en paiement ses effets aux hommes auxquels il doit de l'argent. Ces hommes sont forcés de vendre les effets qu'il leur a donnés. Sous quel prétexte partirait-il de cette vente pour contester la valeur de ces effets? Plus il contestera leur valeur, plus ils perdront. Il s'appuiera sur cette dépréciation nouvelle pour ne les recevoir qu'à un prix encore plus bas. Cette double progression réagissant sur elle-même réduira bientôt le crédit au néant et les particuliers à la ruine. Le créancier originaire a pu faire de son titre ce qu'il a voulu. S'il a vendu sa créance, la faute n'en est pas à lui que le besoin y a forcé, mais à l'état qui ne le payait qu'en effets qu'il s'est vu réduit à vendre. S'il a vendu sa créance à vil prix, la faute n'en est pas à l'acheteur qui l'a acquise avec des chances défavorables : la faute en est encore à l'état qui a créé ces chances défavorables, car la créance vendue ne serait pas tombée à vil prix si l'état n'avait pas inspiré la défiance.

En établissant qu'un effet baisse de valeur, en passant dans la seconde main à des conditions quelconques que le gouvernement doit ignorer, puisqu'elles sont des stipulations libres et indépendantes, on fait de la circulation qu'on a regardé toujours comme un moyen de richesse, une cause d'appauvrissement. Comment justifier cette politique, qui refuse à ses créanciers ce qu'elle leur doit et décrédite ce qu'elle leur donne?

De quel front les tribunaux condamnent-ils le débiteur, créancier lui-même d'une autorité banqueroutière ? Eh quoi ! traîné dans un cachot, dépouillé de ce qui m'appartenait, parce que je n'ai pu satisfaire aux dettes que j'ai contractées sur la foi publique, je passerai devant la tribune d'où sont émanées les lois spoliatrices. D'un côté siégera le pouvoir qui me dépouille, de l'autre les juges qui me punissent d'avoir été dépouillé.

Tout paiement nominal est une banqueroute. Toute émission d'un papier qui ne peut être à volonté converti en numéraire est, dit un auteur français recommandable, une spoliation (1). Que ceux qui la commettent soient armés du pouvoir public, ne change rien à la nature de l'acte. L'autorité qui paye un citoyen en valeurs supposées, le force à des paiemens semblables. Pour ne pas flétrir ses opérations et les rendre impossibles, elle est obligée de légitimer toutes les opérations pareilles. En créant la

---

(1) Say. Economie politique. II. 5. Appliquez ceci à la valeur actuelle des billets de banque en Angleterre et réfléchissez.

nécessité pour quelques-uns, elle fournit à tous l'excuse. L'égoïsme bien plus subtil, plus adroit, plus prompt, plus diversifié que l'autorité, s'élance au signal donné. Il déconcerte toutes les précautions par la rapidité, la complication, la variété de ses fraudes. Quand la corruption peut se justifier par la nécessité, elle n'a plus de bornes. Si l'Etat veut mettre une différence entre ses transactions et les transactions des individus, l'injustice n'en est que plus scandaleuse.

Les créanciers d'une nation ne sont qu'une partie de cette nation. Quand on met des impôts, pour acquitter les intérêts de la dette publique, c'est sur la nation entière qu'on la fait peser : car les créanciers de l'état comme contribuables payent leur part de ces impôts. En réduisant la dette, on la rejette sur les créanciers seuls. C'est donc conclure de ce qu'un poids est trop fort pour être supporté par tout un peuple, qu'il sera supporté plus facilement par le quart, ou par le huitième de ce peuple.

Toute réduction forcée est une banqueroute. On a traité avec des individus d'après des conditions que l'on a librement offertes; ils ont rempli ces conditions; ils ont livré leurs capitaux; ils les ont retiré des branches d'industrie qui leur promettaient des bénéfices : on leur doit tout ce qu'on leur a promis; l'accomplissement de ces promesses est l'indemnité légitime des sacrifices qu'ils ont faits, des risques qu'ils ont courus. Que si un Ministre regrette d'avoir proposé des conditions onéreuses, la faute en est à lui, et nullement à ceux qui n'ont fait que les accepter. La faute en est doublement à lui; car ce qui a surtout rendu ses conditions onéreuses, ce sont ses infidélités antérieures; s'il avait inspiré une confiance entière, il aurait obtenu de meilleures conditions.

Si l'on réduit la dette d'un quart, qui empêche de la réduire d'un tiers, des neuf dixièmes, ou de la totalité? Quelle garantie peut-on donner à ses créanciers, ou se donner à soi-même? Le premier pas en tout genre rend le second plus facile. Si des principes sévères avaient astreint l'autorité à l'accomplissement de ses promesses, elle aurait cherché des ressources dans l'ordre et l'économie. Mais elle a essayé celles de la fraude, elle a admis qu'elles étaient à son usage : elles la dispensent de tout travail, de toute privation, de tout effort. Elle y reviendra sans cesse, car elle n'a plus pour se retenir la conscience de l'intégrité.

Tel est l'aveuglement qui suit l'abandon de la justice, qu'on a quelquefois imaginé qu'en réduisant les dettes par un acte d'autorité, on ranimerait le crédit qui semblait décheoir. On est parti d'un principe qu'on avait mal compris et qu'on a mal appliqué. L'on a pensé que moins on devrait, plus on inspirerait de confiance, parce qu'on serait plus en état de payer ses dettes ; mais on a confondu l'effet d'une libération légitime et celui d'une banqueroute. Il ne suffit pas qu'un débiteur puisse satisfaire à ses engagemens, il faut encore qu'il le veuille, ou qu'on ait les moyens de l'y forcer. Or un gouvernement qui profite de son autorité pour annuller une partie de sa dette, prouve qu'il n'a pas la volonté de payer. Ses créanciers n'ont pas la faculté de l'y contraindre, qu'importent donc ses ressources?

Il n'en est pas d'une dette publique comme

des denrées de première nécessité : moins il y a de ces denrées, plus elles ont de valeur. C'est qu'elles ont une valeur intrinsèque, et que leur valeur relative s'accroît par leur rareté. La valeur d'une dette au contraire ne dépend que de la fidélité du débiteur. Ebranlez la fidélité, la valeur est détruite. L'on a beau réduire la dette à la moitié, au quart, au huitième, ce qui reste de cette dette n'en est que plus décrédité. Personne n'a besoin ni envie d'une dette que l'on ne paie pas. Quand il s'agit des particuliers, la puissance de remplir leurs engagemens est la condition principale, parce que la loi est plus forte qu'eux. Mais quand il est question des gouvernemens, la condition principale est la volonté.

Il est un autre genre de banqueroutes, sur lequel plusieurs gouvernemens semblent se faire encore moins de scrupules. Engagés, soit par ambition, soit par imprudence, soit aussi par nécessité dans des entreprises dispendieuses, ils contractent avec des commerçans pour les objets nécessaires à ces entreprises. Leurs traités sont désavantageux, cela doit être : les intérets d'un gouvernement ne peuvent jamais être défendus avec autant de zèle que les intérêts des particuliers; c'est la destinée commune à toutes les transactions sur lesquelles les parties ne peuvent pas veiller elles-mêmes, et c'est une destinée inévitable; alors l'autorité prend en haine des hommes qui n'ont fait que profiter du bénéfice inhérent à leur situation; elle encourage contre eux les déclamations et les calomnies; elle annulle ses marchés: elle retarde ou refuse les paiemens qu'elle a promis; elle prend des mesures générales qui, pour atteindre quelques suspects, enveloppent sans examen toute une classe. Pour pallier cette iniquité, l'on a soin de représenter ces mesures comme frappant exclusivement ceux qui sont à la tête des entreprises dont on leur enlève le salaire; on excite contre quelques noms odieux ou flétris, l'animadversion du peuple; mais les hommes que l'on dépouille, ne sont pas isolés; ils n'ont pas tout fait par eux-mêmes; ils ont employé des artisans, des manufacturiers qui leur ont fourni des valeurs réelles; c'est sur ces derniers que retombe la spoliation que l'on semble n'exercer que contre les autres, et ce même peuple qui, toujours crédule, applaudit à la destruction de quelques fortunes, dont l'énormité prétendue l'irrite, ne calcule pas que toutes ces fortunes, reposant sur des travaux dont il avait été l'instrument, tendaient à refluer jusqu'à lui, tandis que leur destruction lui dérobe à lui-même le prix de ses propres travaux.

Les gouvernemens ont toujours un besoin plus ou moins grand d'hommes qui traitent avec eux. Un gouvernement ne peut acheter au comptant, comme un particulier; il faut ou qu'il paye d'avance, ce qui est impraticable, ou qu'on lui fournisse à crédit les objets dont il a besoin : s'il maltraite et avilit ceux qui les lui livrent, qu'arrive-t-il? Les hommes honnêtes se retirent, ne voulant pas faire un métier honteux; des hommes dégradés se présentent seuls : ils évaluent le prix de leur honte, et prévoyant de plus qu'on les paiera mal, ils se paient par leurs propres mains. Un gouvernement est trop lent, trop entravé, trop embarassé dans ses mouvemens, pour suivre les calculs déliés et les manœuvres rapides de l'intérêt individuel. Quand il veut lutter de corruption avec les particuliers, celle de ces derniers est toujours la plus habile. La seule politique de la force, c'est la loyauté.

Le premier effet d'une défaveur jetée sur un genre de commerce, c'est d'en écarter tous les commerçans que l'avidité ne séduit pas. Le premier effet d'un systême d'arbitraire, c'est d'inspirer à tous les hommes intègres, le désir de ne pas rencontrer cet arbitraire, et d'éviter les transactions qui pourraient les mettre en rapport avec cette terrible puissance (1).

Les économies fondées sur la violation de la foi publique, ont trouvé dans tous les pays leur châtiment infaillible dans les transactions qui les ont suivies. L'intérêt de l'iniquité, malgré ses réductions arbitraires, et ses lois violentes, s'est payé toujours au centuple de ce qu'aurait couté la fidélité.

J'aurais dû, peut-être, mettre au nombre des atteintes portées à la propriété, l'établissement de tout impôt inutile ou excessif.

(1) V. sur les résultats des révocations et annulations de traité, l'excellent ouvrage sur le Revenu public, par M. Ganilh. I. 303.

Tout ce qui excède les besoins réels, dit un écrivain, dont on ne contestera pas l'autorité sur cette matière (1), cesse d'être légitime. Il n'y a d'autre différence entre les usurpations particulières, et celle de l'autorité, sinon que l'injustice des unes tient à des idées simples, et que chacun peut aisément concevoir, tandis que les autres étant liées à des combinaisons compliquées, personne ne peut en juger autrement que par conjecture.

Tout impôt inutile est une atteinte contre la propriété, d'autant plus odieuse, qu'elle s'exécute avec toute la solemnité de la loi, d'autant plus révoltante que c'est le riche qui l'exerce contre le pauvre, l'autorité en armes contre l'individu désarmé.

Tout impôt de quelqu'espèce qu'il soit, a toujours une influence plus ou moins fâcheuse (2) : c'est un mal nécessaire, mais comme tous les maux nécessaires, il faut le rendre le moins grand qu'il est possible. Plus

---

(1) Admin. des Finances. I, 2.

(2) V. Smith, liv. V, pour l'application de cette vérité générale à chaque impôt en particulier.

on laisse de moyens à la disposition de l'industrie des particuliers, plus un état prospère. L'impôt, par cela seul qu'il enlève une portion quelconque de ces moyens à cette industrie, est infailliblement nuisible.

Rousseau, qui en finances n'avait aucune lumière, a répété avec beaucoup d'autres, que dans les pays monarchiques il fallait consommer par le luxe du prince, l'excès du superflu des sujets, parce qu'il valait mieux que cet excédent fut absorbé par le gouvernement que dissipé par les particuliers (1). On reconnaît dans cette doctrine un mélange absurde de préjugés monarchiques, et d'idées républicaines. Le luxe du prince, loin de décourager celui des individus, lui sert d'encouragement et d'exemple. Il ne faut pas croire qu'en les dépouillant, il les réforme. Il peut les précipiter dans la misère, mais il ne peut les retenir dans la simplicité. Seulement la misère des uns se combine avec le luxe de l'autre, et c'est de toutes les combinaisons la plus déplorable.

---

(1) Contrat Social. III. 8.

L'excès des impôts conduit à la subversion de la justice, à la détérioration de la morale, à la destruction de la liberté individuelle. Ni l'autorité qui enlève aux classes laborieuses, leur subsistance péniblement acquise, ni ces classes opprimées qui voyent cette subsistance arrachée de leurs mains, pour enrichir des maîtres avides, ne peuvent rester fidèles aux lois de l'équité, dans cette lutte de la faiblesse contre la violence, de la pauvreté contre l'avarice, du dénuement contre la spoliation.

Et l'on se tromperait en supposant que l'inconvénient des impôts excessifs se borne à la misère et aux privations du peuple. Il en résulte un autre mal non moins grand, que l'on ne paraît pas jusqu'à présent avoir suffisamment remarqué.

La possession d'une très-grande fortune inspire même aux particuliers des désirs, des caprices, des fantaisies désordonnées qu'ils n'auraient pas conçues dans une situation plus restreinte. Il en est de même des hommes en pouvoir. Ce qui a suggéré aux Ministères anglais, depuis cinquante ans, des prétentions si exagérées et si insolentes, c'est la trop grandc facilité qu'ils ont trouvée à se procurer d'immenses trésors par des taxes énormes. Le superflu de l'opulence énivre, comme le superflu de la force, parce que l'opulence est une force, et de toutes la plus réelle ; de-là des plans, des ambitions, des projets, qu'un Ministère qui n'aurait possédé que le nécessaire n'eût jamais formés. Ainsi, le peuple n'est pas misérable seulement, parce qu'il paye au-delà de ses moyens, mais il est misérable encore par l'usage que l'on fait de ce qu'il paye. Ses sacrifices tournent contre lui. Il ne paye plus des impôts pour avoir la paix assurée par un bon système de défense. Il en paye pour avoir la guerre, parce que l'autorité fière de ses trésors, veut les dépenser glorieusement. Le peuple paye, non pour que le bon ordre soit maintenu dans l'intérieur, mais pour que des favoris enrichis de ses dépouilles troublent au contraire l'ordre public par des vexations impunies. De la sorte, une nation achète, par ses privations, les malheurs et les dangers ; et dans cet état de choses, le gouvernement se corrompt par sa richesse, et le peuple par sa pauvreté.

CHAPITRE XVI.

De la Liberté de la Presse.

La question de la liberté de la presse a été si bien éclaircie depuis quelque tems, qu'elle n'est susceptible que d'un très-petit nombre d'observations.

La première, c'est que notre constitution actuelle se distingue de toutes les précédentes, en ce qu'elle a établi le seul mode efficace pour réprimer les délits de la presse, en lui laissant son indépendance, je veux parler du jugement par jurés. C'est une grande preuve à la fois et de loyauté et de lumières Les délits de la presse sont différens des autres délits, en ce qu'ils se composent beaucoup moins du fait positif, que de l'intention et du résultat. Or, il n'y a qu'un jury qui puisse prononcer sur l'une, d"après sa conviction morale, et déterminer l'autre, par l'examen et le rapprochement de toutes les circonstance. Tout tribunal, prononçant d'après des lois précises, est nécessairement dans l'alternative, ou de se permettre l'arbitraire, ou de sanctionner l'impunité.

Je remarquerai ensuite qu'une prédiction que j'avais hasardée il y a un an, s'est complètement réalisée. « Supposons, avais-je dit, » une société antérieure à l'invention du » langage, et suppléant à ce moyen de com» munication rapide et facile par des moyens » moins faciles et plus lents. La découverte » du langage aurait produit dans cette société » une explosion subite. L'on aurait vu des » périls gigantesques dans ces sons encore » nouveaux, et bien des esprits prudents » et sages, de graves magistrats, de vieux » administrateurs auraient regretté le bon » tems d'un paisible et complet silence; mais » la surprise et la frayeur se seraient usées » graduellement. Le langage serait devenu » un moyen borné dans ses effets; une dé» fiance salutaire, fruit de l'expérience, au» rait préservé les auditeurs d'un entraîne» ment irréfléchi; tout enfin serait rentré » dans l'ordre, avec cette différence, que » les communications sociales, et par con-

» séquent le perfectionnement de tous les » arts, la rectification de toutes les idées, au» raient conservé un moyen de plus.

» Il en sera de même de la presse, par» tout où l'autorité, juste et modérée, ne se » mettra pas en lutte avec elle (1).

Certes, nous avons aujourd'hui la preuve incontestable de la vérité de cette assertion. Jamais la liberté ou plutôt la licence de la presse ne fut plus illimitée : jamais les libelles ne furent plus multipliés sous toutes les formes, et mis avec plus de recherche à la portée de tous les curieux. Jamais en même tems l'on n'accorda moins d'attention à ces productions méprisables. Je crois sérieusement qu'il y a aujourd'hui plus de libellistes que de lecteurs.

Je dirai cependant que malgré l'insouciance et le dédain du public, il faudra, pour l'intérêt de la presse elle-même, que des lois pénales, rédigées avec modération, mais avec justice, distinguent bientôt ce qui est innocent de ce qui est coupable, et ce qui est licite de ce qui est défendu. Des provo-

(1) Réflex. sur les Const. et les garant., p. 150.

cations au meurtre, et à la guerre civile, des invitations à l'ennemi étranger, des insultes directes au chef de l'état, n'ont été permises dans aucun pays. Je suis bien aise que l'expérience ait démontré l'impuissance de ces provocations et de ces insultes. Je rends grâce à l'homme assez fort pour maintenir la paix de la France, malgré ce déchaînement effréné d'un parti sans ressource. J'admire l'homme assez grand pour rester impassible au milieu de tant d'attaques personnelles. Mais en Angleterre, et l'Angleterre est assurement, pour la liberté de la presse; la terre classique, le Roi ne peut être outragé dans aucun écrit, et la seule réimpression de proclamations dirigées contre lui serait suivie d'une punition sevère. Cette réserve que les lois commandent, est motivée sur une considération d'une haute importance.

La neutralité du pouvoir royal, cette condition indispensable de toute monarchie constitutionnelle, à laquelle je reviens sans cesse, parce que toute la stabilité de l'édifice repose sur cette base, exige également que ce pouvoir n'agisse pas contre les citoyens, et que les citoyens n'agissent pas contre lui.

Le Roi, en Angleterre, l'Empereur, en France, le dépositaire de l'autorité monarchique chez tous les peuples, sont hors de la sphère des agitations politiques. Ce ne sont pas des hommes, ce sont des pouvoirs. Mais de même qu'il ne faut pas qu'ils redeviennent des hommes, sans quoi leur fonction serait dénaturée, il ne faut pas non plus qu'ils puissent être attaqués comme d'autres hommes. La loi garantit les citoyens de toute agression de leur part : elle doit aussi les garantir de toute agression de la part des citoyens. Outragé dans sa personne, le chef de l'état redevient un homme. Si vous attaquez l'homme, l'homme se défendra, la constitution sera détruite (1).

---

(1) Comme je ne veux pas être accusé d'avoir abjuré mes opinions, je rappellerai ici, qu'en défendant la liberté de la presse, j'ai toujours demandé la punition des libelles et des écrits incendiaires, et je transcris mes propres paroles.

Les principes qui doivent diriger un gouvernement sur cette question, sont simples et clairs. Que les auteurs soient responsables de leurs écrits, quand ils sont publiés, comme tout homme l'est de ses paroles, quand elles sont prononcées ; de ses actions, quand elles sont commises. L'orateur qui prêcherait le vol, le meurtre ou le pillage, serait puni de ses discours. Donc l'écrivain qui prêche le meurtre, le pillage, ou le vol, doit être puni. De la liberté des pamphlets et des journaux, 2e. édit., p. 72. Je disais ailleurs : *Le long parlement invoqua les principes de la liberté de la presse, en leur donnant une latitude exagérée et une direction absolument fausse, puisqu'il s'en servit pour faire mettre en liberté des libellistes condamnés par les tribunaux, ce qui est absolument contraire à ce que nous entendons par liberté de la presse; car tout le monde désire que les tribunaux exercent une action sévère contre les libellistes.* Observ. sur le discours de M. de Montesquiou, p. 45. Dans ce cas ci, comme dans les autres, ce que je pensais, je le pense, et je ne demande que ce que je demandais.

CHAPITRE XVII.

De la Liberté religieuse.

La constitution actuelle est revenue à la seule idée raisonnable relativement à la religion, celle de consacrer la liberté des cultes sans restriction, sans privilège, sans même obliger les individus, pourvu qu'ils observent des formes extérieures purement légales, à déclarer leur assentiment en faveur d'un culte en particulier. Nous avons évité l'écueil de cette intolérance civile, qu'on a voulu substituer à l'intolérance religieuse proprement dite, aujourd'hui que le progrès des idées s'oppose à cette dernière. A l'appui de cette nouvelle espèce d'intolérance, l'on a fréquemment cité Rousseau, qui chérissait toutes les théories de la liberté, et qui a fourni des prétextes à toutes les prétentions de la tyrannie.

« Il y a, dit-il, une profession de foi pure-
» ment civile, dont il appartient au souverain
» de fixer les articles, non pas précisément

» comme dogme de religion, mais comme » sentimens de sociabilité. Sans pouvoir obli- » ger personne à croire à ces dogmes, il peut » bannir de l'état quiconque ne les croit pas. » Il peut le bannir, non comme impie, mais » comme insociable (1). » Qu'est-ce que l'état, décidant des sentimens qu'il faut adopter? Que m'importe que le souverain ne m'oblige pas à croire, s'il me punit de ce que je ne crois pas? Que m'importe qu'il ne me frappe pas comme impie, s'il me frappe comme in-

(1) Rousseau, Contrat social, liv. IV, chap. 8. Il ajoute : *que si quelqu'un, après avoir reconnu publiquement ces mêmes dogmes, se conduit comme ne les croyant pas, qu'il soit puni de mort. Il a commis le plus grand des crimes, il a menti devant les lois.* Mais celui qui a le malheur de ne pas croire ces dogmes, ne peut avouer ses doutes sans s'exposer au bannissement; et si ses affections le retiennent, s'il a une famille, une femme, des enfans qu'il hésite à quitter pour se précipiter dans l'exil, n'est-ce pas vous, vous seul qui le forcez à ce que vous appelez le plus grand des crimes, au mensonge devant les lois? Je dirai, du reste, que, dans cette circonstance, ce mensonge me paraît loin d'être un crime. Quand de prétendues lois n'exigent de nous la vérité que pour nous proscrire, nous ne leur devons pas la vérité.

sociable? Que m'importe que l'autorité s'abstienne des subtilités de la théologie, si elle se perd dans une morale hypothétique, non moins subtile, non moins étrangère à sa juridiction naturelle?

Je ne connais aucun système de servitude, qui ait consacré des erreurs plus funestes que l'éternelle métaphysique du Contrat social.

L'intolérance civile est aussi dangereuse, plus absurde, et surtout plus injuste que l'intolérance religieuse. Elle est aussi dangereuse, puisqu'elle a les mêmes résultats sous un autre prétexte; elle est plus absurde, puisqu'elle n'est pas motivée sur la conviction; elle est plus injuste, puisque le mal qu'elle cause n'est pas pour elle un devoir, mais un calcul.

L'intolérance civile emprunte mille formes et se réfugie de poste en poste pour se dérober au raisonnement. Vaincue sur le principe, elle dispute sur l'application. On a vu des hommes persécutés depuis près de trente siècles, dire au gouvernement qui les relevait de leur longue proscription, que s'il était nécessaire qu'il y eût dans un état plusieurs religions positives, il ne l'était pas moins d'empêcher que les sectes tolérées ne produisissent, en se subdivisant, de nouvelles sectes (1). Mais chaque secte tolérée n'est-elle pas elle-même une subdivision d'une secte ancienne? A quel titre contesterait-elle aux générations futures, les droits qu'elle a reclamés contre les générations passées?

L'on a prétendu qu'aucune des églises reconnues ne pouvait changer ses dogmes sans le consentement de l'autorité. Mais si par hasard ces dogmes venaient à être rejetés par la majorité de la communauté religieuse, l'autorité pourrait-elle l'astreindre à les professer ? Or, en fait d'opinion, les droits de la majorité et ceux de la minorité sont les mêmes.

On conçoit l'intolérance, lorsqu'elle impose à tous une seule profession de foi ; elle est au moins conséquente. Elle peut croire qu'elle retient les hommes dans le sanctuaire de la vérité ; mais lorsque deux opinions sont permises, comme l'une des deux est nécessairement fausse, autoriser le gouvernement à forcer les individus de l'une et de l'autre, à rester attachés à l'opinion de

---

(1) Discours des Juifs au Gouvernement français.

leur secte, ou les sectes à ne jamais changer d'opinion, c'est l'autoriser formellement à prêter son assistance à l'erreur.

La liberté complette et entière de tous les cultes est aussi favorable à la religion, que conforme à la justice.

Si la religion avait toujours été parfaitement libre, elle n'aurait, je le pense, été jamais qu'un objet de respect et d'amour. L'on ne concevrait guères le fanatisme bisarre qui rendrait la religion en elle-même un objet de haine ou de malveillance. Ce recours d'un être malheureux à un être juste, d'un être faible à un être bon, me semble ne devoir exciter dans ceux mêmes qui le considèrent comme chimérique, que l'intérêt et la sympathie. Celui qui regarde comme des erreurs toutes les espérances de la religion, doit être plus profondément ému que tout autre, de ce concert universel de tous les êtres souffrans, de ces demandes de la douleur s'élançant vers un ciel d'airain, de tous les coins de la terre pour rester sans réponse, et de l'illusion secourable qui prend pour une réponse, le bruit confus de tant de prières, répétées au loin dans les airs.

Les causes de nos peines sont nombreuses. L'autorité peut nous proscrire, le mensonge nous calomnier; les liens d'une société toute factice nous blessent; la nature inflexible nous frappe dans ce que nous chérissons; la vieillesse s'avance vers nous, époque sombre et solemnelle où les objets s'obscurcissent, et semblent se retirer, et où je ne sais quoi de froid et de terne se répand sur tout ce qui nous entoure.

Contre tant de douleurs, nous cherchons partout des consolations, et toutes nos consolations durables sont religieuses. Lorsque les hommes nous persécutent, nous nous créons je ne sais quel recours, par de-là les hommes. Lorsque nous voyons s'évanouir nos espérances les plus chéries, la justice, la liberté, la patrie, nous nous flattons qu'il existe quelque part un être qui nous saura gré d'avoir été fidèles, malgré notre siècle, à la justice, à la liberté, à la patrie. Quand nous regrettons un objet aimé, nous jettons un pont sur l'abîme, et le traversons par la pensée. Enfin quand la vie nous échappe, nous nous élançons vers une autre vie. Ainsi la religion est de son essence, la compagne fidèle, l'ingénieuse et infatigable amie de l'infortuné.

Ce n'est pas tout. Consolatrice du malheur, la religion est en même tems de toutes nos émotions la plus naturelle. Toutes nos sensations physiques, tous nos sentimens moraux, la font renaître dans nos cœurs à notre insçu. Tout ce qui nous paraît sans bornes, et produit en nous la notion de l'immensité, la vue du ciel, le silence de la nuit, la vaste étendue des mers, tout ce qui nous conduit à l'attendrissement ou à l'enthousiasme, la conscience d'une action vertueuse, d'un généreux sacrifice, d'un danger bravé courageusement, de la douleur d'autrui secourue ou soulagée, tout ce qui soulève au fond de notre âme les élémens primitifs de notre nature, le mépris du vice, la haine de la tyrannie, nourrit le sentiment religieux.

Ce sentiment tient de près à toutes les passions nobles, délicates et profondes; comme toutes ces passions, il a quelque chose de mystérieux; car la raison commune ne peut expliquer aucune de ces passions d'une manière satisfaisante. L'amour, cette préférence exclusive, pour un objet dont nous avions pu nous passer long-tems et auquel tant d'autres ressemblent, le besoin de la gloire, cette soif d'une célébrité qui doit se prolonger après nous, la jouissance que nous trouvons dans le dévouement, jouissance contraire à l'instinct habituel de notre égoïsme, la mélancolie, cette tristesse sans cause, au fond de laquelle est un plaisir que nous ne saurions analyser, mille autres sensations qu'on ne peut décrire, et qui nous remplissent d'impressions vagues et d'émotions confuses, sont inexplicables pour la rigueur du raisonnement : elles ont toutes de l'affinité avec le sentiment religieux. Toutes ces choses sont favorables au développement de la morale : elles font sortir l'homme du cercle étroit de ses intérêts; elles rendent à l'âme cette élasticité, cette délicatesse, cette exaltation qu'étouffe l'habitude de la vie commune et des calculs qu'elle nécessite. L'amour est la plus mélangée de ces passions, parce qu'il a pour but une jouissance déterminée, que ce but est près de nous, et qu'il aboutit à l'égoïsme. Le sentiment religieux, par la raison contraire, est de toutes ces passions la plus pure. Il ne fuit point avec la jeunesse; il se fortifie quelquefois dans l'âge avancé, comme si le ciel nous l'avait donné pour consoler l'époque la plus dépouillée de notre vie.

Un homme de génie disait que la vue de l'Apollon du Belvédère ou d'un tableau de Raphaël, le rendait meilleur. En effet, il y a dans la contemplation du beau, en tout genre, quelque chose qui nous détache de nous-mêmes, en nous faisant sentir que la perfection vaut mieux que nous, et qui par cette conviction, nous inspirant un désintéressement momentané, réveille en nous la puissance du sacrifice, qui est la source de toute vertu. Il y a dans l'émotion, quelle qu'en soit la cause, quelque chose qui fait circuler notre sang plus vîte, qui nous procure une sorte de bien être, qui double le sentiment de notre existence et de nos forces, et qui par là nous rend susceptibles d'une générosité, d'un courage, d'une sympathie au-dessus de notre disposition habituelle. L'homme corrompu lui-même est meilleur lorsqu'il est ému, et aussi long-tems qu'il est ému.

Je ne veux point dire que l'absence du sentiment religieux prouve dans tout individu l'absence de morale. Il y a des hommes dont l'esprit est la partie principale, et ne peut céder qu'à une évidence complète. Ces hommes sont d'ordinaire livrés à des méditations profondes, et préservés de la plupart des tentations corruptrices par les jouissances de l'étude ou l'habitude de la pensée : ils sont capables par conséquent d'une moralité scrupuleuse ; mais dans la foule des hommes vulgaires, l'absence du sentiment religieux, ne tenant point à de pareilles causes, annonce le plus souvent, je le pense, un cœur aride, un esprit frivole ; une ame absorbée dans des intérêts petits et ignobles, une grande stérilité d'imagination. J'excepte le cas où la persécution aurait irrité ces hommes. L'effet de la persécution est de révolter contre ce qu'elle commande, et il peut arriver alors que des hommes sensibles, mais fiers, indignés d'une religion qu'on leur impose, rejettent sans examen tout ce qui tient à la religion ; mais cette exception, qui est de circonstance, ne change rien à la thèse générale.

Je n'aurais pas mauvaise opinion d'un homme éclairé, si on me le présentait comme étranger au sentiment religieux ; mais un peuple incapable de ce sentiment me paraîtrait privé d'une faculté précieuse, et déshérité par la nature. Si l'on m'accusait ici de ne pas définir d'une manière assez précise le sentiment religieux, je demanderais comment on définit avec précision cette partie vague et profonde de nos sensations morales, qui par sa nature même défie tous les efforts du langage. Comment définirez-vous l'impression d'une nuit obscure, d'une antique forêt, du vent qui gémit à travers des ruines, ou sur des tombeaux, de l'océan qui se prolonge au-delà des regards? Comment définirez-vous l'émotion que vous causent les chants d'Ossian, l'église de St.-Pierre, la méditation de la mort, l'harmonie des sons ou celle des formes? Comment définirez-vous la rêverie, ce frémissement intérieur de l'âme, où viennent se rassembler et comme se perdre, dans une confusion mystérieuse, toutes les puissances des sens et de la pensée? Il y a de la religion au fond de toutes ces choses. Tout ce qui est beau, tout ce qui est intime, tout ce qui est noble, participe de la religion.

Elle est le centre commun où se réunissent au-dessus de l'action du tems, et de la portée du vice, toutes les idées de justice, d'amour, de liberté, de pitié, qui, dans ce monde d'un jour, composent la dignité de l'espèce humaine; elle est la tradition permanente de tout ce qui est beau, grand et bon à travers l'avilissement et l'iniquité des siècles, la voix éternelle qui répond à la vertu dans sa langue, l'appel du présent à l'avenir, de la terre au ciel, le recours solennel de tous les opprimés dans toutes les situations, la dernière espérance de l'innocence qu'on immole et de la faiblesse que l'on foule aux pieds.

D'où vient donc que cette alliée constante, cet appui nécessaire, cette lueur unique au milieu des ténèbres qui nous environnent, a, dans tous les siècles, été en butte à des attaques fréquentes et acharnées? D'où vient que la classe qui s'en est déclarée l'ennemie, a presque toujours été la plus éclairée, la plus indépendante et la plus instruite? c'est qu'on a dénaturé la religion; l'on a poursuivi l'homme dans ce dernier asile, dans ce sanctuaire intime de son existence: la religion s'est transformée entre les mains de l'autorité en institution menaçante. Après avoir créé la plupart et les plus poignantes de nos douleurs, le pouvoir a prétendu commander à l'homme jusques dans ses consolations. La religion dogmatique, puissance hostile et persécutrice, a voulu soumettre à son joug l'imagination dans ses conjectures, et le cœur dans ses besoins. Elle est devenue un fléau plus terrible que ceux qu'elle était destinée à faire oublier.

De-là, dans tous les siècles où les hommes ont réclamé leur indépendance morale, cette résistance à la religion, qui a paru dirigée contre la plus douce des affections, et qui ne l'était en effet que contre la plus oppressive des tyrannies. L'intolérance, en plaçant la force du côté de la foi, a placé le courage du doute : la fureur des croyans a exalté la vanité des incrédules, et l'homme est arrivé de la sorte à se faire un mérite d'un sytême qu'il eût naturellement dû considérer comme un malheur. La persécution provoque la résistance. L'autorité, menaçant une opinion quelle qu'elle soit, excite à la manifestation de cette opinion tous les esprits qui ont quelque valeur. Il y a dans l'homme un principe de révolte contre toute contrainte intellectuelle. Ce principe peut aller jusqu'à la fureur ; il peut être la cause de beaucoup de crimes ; mais il tient à tout ce qu'il y a de noble au fond de notre âme.

Je me suis senti souvent frappé de tristesse et d'étonnement en lisant le fameux Système de la nature. Ce long acharnement d'un vieillard à fermer devant lui tout avenir, cette inexplicable soif de la destruction, cette haine aveugle et presque féroce contre une idée douce et consolante, me paraissaient un bisarre délire ; mais je le concevais toutefois en me rappellant les dangers dont l'autorité entourait cet écrivain. De tout tems on a troublé la réflexion des hommes irréligieux : ils n'ont jamais eu le tems ou la liberté de considérer à loisir leur propre opinion : elle a toujours été pour eux une propriété qu'on voulait leur ravir : ils ont songé moins à l'approfondir qu'à la justifier ou à la défendre. Mais laissez-les en paix : ils jetteront bientôt un triste regard sur le monde, qu'ils ont dépeuplé de l'intelligence et de la bonté suprême : ils s'étonneront eux-mêmes de leur victoire : l'agitation de la lutte, la soif de reconquérir le droit d'examen, toutes ces causes d'exaltation ne les soutiendront plus ; leur imagination, naguères toute occupée du succès, se retournera désœuvrée, et comme déserte, sur elle-même ; ils verront l'homme seul sur une terre qui doit l'engloutir. L'univers est sans vie : des générations passagères, fortuites, isolées, y paraissent, souffrent, meurent : nul lien n'existe entre ces générations, dont le partage est ici la douleur, plus loin le néant. Toute communication est rompue entre le passé, le présent et l'avenir : aucune voix ne se prolonge des races qui ne sont plus aux races vivantes, et la voix des races vivantes doit s'abîmer un jour dans le même silence éternel. Qui ne sent que si l'incrédulité n'avait pas rencontré l'intolérance, ce qu'il y a de décourageant dans ce systême aurait agi sur l'âme de ses sectateurs, de manière à les retenir au moins dans l'apathie et dans le silence ?

Je le repète. Aussi long-tems que l'autorité laissera la religion parfaitement indépendante, nul n'aura intérêt d'attaquer la religion ; la pensée même n'en viendra pas ; mais si l'autorité prétend la défendre, si elle veut surtout s'en faire une alliée, l'indépendance intellectuelle ne tardera pas à l'attaquer.

De quelque manière qu'un gouvernement intervienne dans ce qui a rapport à la religion, il fait du mal.

Il fait du mal, lorsqu'il veut maintenir la religion contre l'esprit d'examen, car l'autorité ne peut agir sur la conviction; elle n'agit que sur l'intérêt. En n'accordant ses faveurs qu'aux hommes qui professent les opinions consacrées, que gagne-t-elle? d'écarter ceux qui avouent leur pensée, ceux qui par conséquent ont au moins de la franchise; les autres par un facile mensonge savent éluder ses précautions; elles atteignent les hommes scrupuleux, elles sont sans force contre ceux qui sont ou deviennent corrompus.

Quelles sont d'ailleurs les ressources d'un gouvernement pour favoriser une opinion? Confiera-t-il exclusivement à ses sectateurs les fonctions importantes de l'état? mais les individus repoussés s'irriteront de la préférence. Fera-t-il écrire ou parler pour l'opinion qu'il protège? d'autres écriront ou parleront dans un sens contraire. Restreindra-t-il la liberté des écrits, des paroles, de l'éloquence, du raisonnement, de l'ironie même ou de la déclamation? Le voilà dans une carrière nouvelle : il ne s'occupe plus à favoriser ou à convaicre, mais à étouffer ou à punir; pense-t-il que ses lois pourront saisir toutes les nuances et se graduer en proportion? Ses mesures répressives seront-elles douces? on les bravera, elles ne feront qu'aigrir sans intimider. Seront-elles sévères? le voilà persécuteur. Une fois sur cette pente glissante et rapide, il cherche en vain à s'arrêter.

Mais ses persécutions mêmes, quel succès pourrait-il en espérer? Aucun Roi, que je pense, ne fut entouré de plus de prestiges que Louis XIV. L'honneur, la vanité, la mode, la mode toute-puissante s'étaient placées, sous son règne, dans l'obéissance. Il prêtait à la religion l'appui du trône et celui de son exemple. Il attachait le salut de son âme au maintien des pratiques les plus rigides, et il avait persuadé à ses courtisans que le salut de l'âme du Roi était d'une particulière importance. Cependant, malgré sa sollicitude toujours croissante, malgré l'austérité d'une vieille cour, malgré le souvenir de cinquante années de gloire, le doute se glissa dans les esprits, même avant sa mort. Nous voyons dans les mémoires du temps, des lettres interceptées, écrites par des flatteurs assidus de Louis XIV, et offensantes également, nous dit madame de Maintenon, à Dieu et au Roi. Le Roi mourut. L'impulsion philosophique renversa toutes les digues; le raisonnement se dédommagea de la contrainte qu'il avait impatiemment supportée, et le résultat d'une longue compression fut l'incrédulité poussée à l'excès.

L'autorité ne fait pas moins de mal, et n'est pas moins impuissante, lorsqu'au milieu d'un siècle sceptique, elle veut rétablir la religion. La religion doit se rétablir seule par le besoin que l'homme en a; et quand on l'inquiète par des considérations étrangères, on l'empêche de ressentir toute la force de ce besoin. L'on dit, et je le pense, que la religion est dans la nature; il ne faut donc pas couvrir sa voix par celle de l'autorité. L'intervention des Gouvernemens pour la défense de la religion, quand l'opinion lui est défavorable, a cet inconvénient particulier, que la religion est défendue par des hommes qui n'y croient pas; les Gouvernans sont soumis, comme les gouvernés, à la marche des idées humaines. Lorsque le doute a pénétré dans la partie éclairée d'une nation, il se fait jour dans le Gouvernement même. Or, dans tous les temps, les opinions ou la vanité sont plus fortes que les intérêts. C'est en vain que les dépositaires de l'autorité se disent qu'il est de leur avantage de favoriser la religion; ils peuvent déployer pour elle leur puissance, mais ils ne sauraient s'astreindre à lui témoigner des égards. Ils trouvent quelque jouissance à mettre le public dans la confidence de leur arrière pensée; ils craindraient de paraître convaincus, de peur d'être pris pour des dupes; si leur première phrase est consacrée à commander la crédulité, la seconde est destinée à reconquérir pour eux les honneurs du doute, et l'on est mauvais missionnaire, quand on veut se placer au-dessus de sa propre profession de foi. (1)

Alors s'établit cet axiôme, qu'il faut une religion au peuple, axiôme qui flatte la vanité de ceux qui le répètent, parce qu'en le répé-

---

(1) On remarquait cette tendance bien évidemment dans les hommes en place, dans plusieurs de ceux mêmes qui étaient à la tête de l'église, sous Louis XV et sous Louis XVI.

tant, ils se séparent de ce peuple auquel il faut une religion.

Cet axiôme est faux par lui-même, en tant qu'il implique que la religion est plus nécessaire aux classes laborieuses de la société, qu'aux classes oisives et opulentes. Si la religion est nécessaire, elle l'est également à tous les hommes et à tous les degrés d'instruction. Les crimes des classes pauvres et peu éclairées ont des caractères plus violens, plus terribles, mais plus faciles en même tems à découvrir et à réprimer. La loi les entoure, elle les saisit, elle les comprime aisément, parce que ces crimes la heurtent d'une manière directe. La corruption des classes supérieures se nuance, se diversifie, se dérobe aux lois positives, se joue de leur esprit en éludant leurs formes, leur oppose d'ailleurs le crédit, l'influence, le pouvoir.

Raisonnement bizarre ! le pauvre ne peut rien; il est environné d'entraves; il est garotté par des liens de toute espèce; il n'a ni protecteurs ni soutiens; il peut commettre un crime isolé; mais tout s'arme contre lui dès qu'il est coupable; il ne trouve dans ses juges, tirés toujours d'une classe ennemie, aucun ménagement; dans ses relations impuissantes comme lui, aucune chance d'impunité; sa conduite n'influe jamais sur le sort général de la société dont il fait partie, et c'est contre lui seul que vous voulez la garantie mystérieuse de la religion! Le riche, au contraire, est jugé par ses pairs, par ses alliés, par des hommes sur qui rejaillissent toujours plus ou moins les peines qu'ils lui infligent. La société lui prodigue ses secours: toutes les chances matérielles et morales sont pour lui, par l'effet seul de la richesse: il peut influer au loin, il peut bouleverser ou corrompre; et c'est cet être puissant et favorisé que vous voulez affranchir du joug qu'il vous semble indispensable de faire peser sur un être faible et désarmé!

Je dis tout ceci dans l'hypothèse ordinaire, que la religion est surtout précieuse, comme fortifiant les lois pénales; mais ce n'est pas mon opinion. Je place la religion plus haut; je ne la considère point comme le supplément de la potence et de la roue. Il y a une morale commune fondée sur le calcul, sur l'intérêt, sur la sûreté, et qui peut à la rigueur se passer de la religion. Elle peut s'en passer dans le riche, parce qu'il réfléchit; dans le pauvre, parce que la loi l'épouvante, et que d'ailleurs ses occupations étant tracées d'avance, l'habitude d'un travail constant produit sur sa vie l'effet de la réflexion ; mais malheur au peuple qui n'a que cette morale commune ! C'est pour créer une morale plus élevée que la religion me semble désirable : je l'invoque, non pour réprimer les crimes grossiers, mais pour ennoblir toutes les vertus.

Les défenseurs de la religion croyent souvent faire merveille en la représentant surtout comme utile : que diraient-ils, si on leur démontrait qu'ils rendent le plus mauvais service à la religion ?

De même qu'en cherchant dans toutes les beautés de la nature, un but positif, un usage immédiat, une application à la vie habituelle, on flétrit tout le charme de ce magnifique ensemble ; en prêtant sans cesse à la religion une utilité vulgaire, on la met dans la dépendance de cette utilité. Elle n'a plus qu'un rang secondaire, elle ne paraît plus qu'un moyen, et par-là même elle est avilie.

L'axiôme qu'il faut une religion au peuple, est en outre tout ce qu'il y a de plus propre à détruire toute religion. Le peuple est averti, par un instinct assez sûr, de ce qui se passe sur sa tête. La cause de cet instinct est la même que celle de la pénétration des enfans, et de toutes les classes dépendantes. Leur intérêt les éclaire sur la pensée secrète de ceux qui disposent de leur destinée. On compte trop sur la bonhommie du peuple, lorsqu'on espère qu'il croira long-tems ce que ses chefs refusent de croire. Tout le fruit de leur artifice, c'est que le peuple qui les voit incrédules, se détache de sa religion, sans savoir pourquoi. Ce que l'on gagne en prohibant l'examen, c'est d'empêcher le peuple d'être éclairé, mais non d'être impie. Il devient impie par imitation; il traite la religion de chose niaise et de duperie, et chacun la renvoie à ses inférieurs qui, de leur côté, s'empressent de la repousser encore plus bas. Elle descend ainsi chaque jour plus dégradée; elle est moins menacée lorsqu'on l'attaque de toutes parts. Elle peut alors se refugier au fond des âmes sensibles. La vanité ne craint pas de faire preuve de sottise et de déroger en la respectant.

Qui le croirait! l'autorité fait du mal, même lorsqu'elle veut soumettre à sa juridiction les principes de la tolérance; car elle impose à la tolérance des formes positives et fixes, qui sont contraires à sa nature. La tolérance n'est autre chose que la liberté de tous les cultes présens et futurs. L'empereur Joseph II voulut établir la tolérance, et libéral dans ses vues, il commença par faire dresser un vaste catalogue de toutes les opinions religieuses, professées par ses sujets. Je ne sais combien furent enregistrées, pour être admises au bénéfice de sa protection. Qu'arriva-t-il? un culte qu'on avait oublié vint à se montrer tout-à-coup, et Joseph II, prince tolérant, lui dit qu'il était venu trop tard. Les déistes de Bohème furent persécutés, vu leur date, et le monarque philosophe se mit à la fois en hostilité contre le Brabant qui réclamait la domination exclusive du catholicisme, et contre les malheureux Bohémiens, qui demandaient la liberté de leur opinion.

Cette tolérance limitée renferme une singulière erreur. L'imagination seule peut satisfaire aux besoins de l'imagination. Quand dans un empire vous auriez toléré vingt religions, vous n'auriez rien fait encore pour les sectateurs de la vingt et unième. Les gouvernemens qui s'imaginent laisser aux gouvernés une latitude convenable, en leur permettant de choisir entre un nombre fixe de croyances religieuses, ressemblent à ce Français qui, arrivé dans une ville d'Allemagne dont les habitans voulaient apprendre l'italien, leur donnait le choix entre le basque ou le bas-breton.

Cette multitude des sectes dont on s'épouvante, est ce qu'il y a pour la religion de plus salutaire ; elle fait que la religion ne cesse pas d'être un sentiment pour devenir une simple forme, une habitude presque mécanique, qui se combine avec tous les vices, et quelquefois avec tous les crimes.

Quand la religion dégénère de la sorte, elle perd toute son influence sur la morale ; elle se loge, pour ainsi dire, dans une case des têtes humaines, où elle reste isolée de tout le reste de l'existence. Nous voyons en Italie la messe précéder le meurtre, la confession le suivre, la pénitence l'absoudre, et l'homme ainsi délivré du remords, se préparer à des meurtres nouveaux.

Rien n'est plus simple. Pour empêcher la subdivision des sectes, il faut empêcher que l'homme ne réfléchisse sur sa religion ; il faut donc empêcher qu'il ne s'en occupe ; il faut la réduire à des symboles que l'on répète, à des pratiques que l'on observe. Tout devient extérieur; tout doit se faire sans examen; tout se fait bientôt par là même sans intérêt et sans attention.

Je ne sais quels peuples Mogols, astreints par leur culte à des prières fréquentes, se sont persuadés que ce qu'il y avait d'agréable aux dieux, dans les prières, c'était que l'air, frappé par le mouvement des lèvres, leur prouvât sans cesse que l'homme s'occupait d'eux. En conséquence ces peuples ont inventé de petits moulins à prières, qui, agitant l'air d'une certaine façon, entretiennent perpétuellement le mouvement désiré; et pendant que ces moulins tournent, chacun persuadé que les dieux sont satisfaits, vaque sans inquiétude à ses affaires ou à ses plaisirs. La religion chez plus d'une nation Européenne, m'a rappelé souvent les petits moulins des peuples Mogols.

La multiplication des sectes a pour la morale un grand avantage. Toutes les sectes naissantes tendent à se distinguer de celles dont elles se séparent, par une morale plus scrupuleuse, et souvent aussi la secte qui voit s'opérer dans son sein une scission nouvelle, animée d'une émulation recommandable, ne veut pas rester dans ce genre en arrière des novateurs. Ainsi l'apparition du protestantisme réforma les mœurs du clergé catholique. Si l'autorité ne se mêlait point de la religion, les sectes se multiplieraient à l'infini : chaque congrégation nouvelle chercherait à prouver la bonté de sa doctrine, par la pureté de ses mœurs : chaque congrégation délaissée voudrait se défendre avec les mêmes armes. Delà, résulterait une heureuse lutte où l'on placerait le succès dans une moralité plus austère : les mœurs s'amélioreraient sans efforts, par une impulsion naturelle et une honorable rivalité. C'est ce que l'on peut remarquer en Amérique, et même en Ecosse où la tolérance est loin d'être parfaite, mais où cependant le presbytérianisme s'est subdivisé en de nombreuses ramifications.

Jusqu'à présent la naissance des sectes, loin d'être accompagnée de ces effets salutaires, a presque toujours été marquée par des troubles et par des malheurs. C'est que l'autorité s'en est mêlée. A sa voix, par son action indiscrète, les moindres dissemblances jusques alors innocentes et même utiles, sont devenues des germes de discorde.

Frédéric Guillaume, le père du grand Frédéric, étonné de ne pas voir régner dans la religion de ses sujets, la même discipline que dans ses casernes, voulut un jour réunir les luthériens et les réformés : il retrancha de leurs formules respectives ce qui occasionnait leurs dissentimens, et leur ordonna d'être d'accord. Jusqu'alors ces deux sectes avaient vécu séparées, mais dans une intelligence parfaite. Condamnées à l'union, elles commencèrent aussitôt une guerre acharnée, s'attaquèrent entre elles, et résistèrent à l'autorité. A la mort de son père, Frédéric II monta sur le trône; il laissa toutes les opinions libres; les deux sectes se combattirent sans attirer ses regards; elles parlèrent sans être écoutées : bientôt elles perdirent l'espoir du succès, et l'irritation de la crainte; elles se turent, les différences subsistèrent, et les dissentions fusent appaisées.

En s'opposant à la multiplication des sectes, les gouvernemens méconnaissent leurs propres intérêts. Quand les sectes sont très-nombreuses dans un pays, elles se contiennent mutuellement, et dispensent le souverain de transiger avec aucune d'elles. Quand il n'y a qu'une secte dominante, le pouvoir est obligé de recourir à mille moyens pour n'avoir rien à en craindre. Quand il n'y en a que deux ou trois, chacune étant assez formidable pour menacer les autres, il ſaut une surveillance, une répression non interrompue. Singulier expédient! vous voulez, dites-vous, maintenir la paix, et pour cet effet vous empêchez les opinions de se subdiviser de manière à partager les hommes en petites réunions faibles ou imperceptibles, et vous constituez trois ou quatre grands corps ennemis que vous mettez en présence, et qui, grâces aux soins que vous prenez de les conserver nombreux et puissans, sont prêts à s'attaquer au premier signal.

Telles sont les conséquences de l'intolérance religieuse : mais l'intolérance irreligieuse n'est pas moins funeste.

L'autorité ne doit jamais proscrire une religion, même quand elle la croit dangereuse. Qu'elle punisse les actions coupables qu'une religion fait commettre, non comme actions religieuses, mais comme actions coupables :

elle parviendra facilement à les réprimer. Si elle les attaquait comme religieuses, elle en ferait un devoir, et si elle voulait remonter jusqu'à l'opinion qui en est la source, elle s'engagerait dans un labyrinthe de vexations et d'iniquités, qui n'aurait plus de terme. Le seul moyen d'affaiblir une opinion, c'est d'établir le libre examen. Or, qui dit examen libre, dit éloignement de toute espèce d'autorité, absence de toute intervention collective : l'examen est essentiellement individuel.

Pour que la persécution, qui naturellement révolte les esprits et les rattache à la croyance persécutée, parvienne au contraire à détruire cette croyance, il faut dépraver les âmes, et l'on ne porte pas seulement atteinte à la religion qu'on veut détruire, mais à tout sentiment de morale et de vertu. Pour persuader à un homme de mépriser ou d'abandonner un de ses semblables, malheureux à cause d'une opinion, pour l'engager à quitter aujourd'hui la doctrine qu'il professait hier, parce que tout-à-coup elle est menacée, il faut étouffer en lui toute justice et toute fierté.

Borner, comme on l'a fait souvent parmi nous, les mesures de rigueur aux ministres d'une religion, c'est tracer une limite illusoire. Ces mesures atteignent bientôt tous ceux qui professent la même doctrine, et elles atteignent ensuite tous ceux qui plaignent le malheur des opprimés. Qu'on ne me dise pas, disait M. de Clermont-Tonnerre, en 1791, et l'événement a doublement justifié sa prédiction, qu'on ne me dise pas, qu'en poursuivant à outrance les prêtres qu'on appelle réfractaires, on éteindra toute opposition ; j'espère le contraire ; et je l'espère par estime pour la nation française ; car toute nation qui cède à la force, en matière de conscience, est une nation tellement vile, tellement corrompue, que l'on n'en peut rien espérer ni en raison, ni en liberté.

La superstition n'est funeste que lorsqu'on la protége ou qu'on la menace : ne l'irritez pas par des injustices, ôtez-lui seulement tout moyen de nuire par des actions, elle deviendra d'abord une passion innocente, et s'éteindra bientôt, faute de pouvoir intéresser par ses souffrances, ou dominer par l'alliance de l'autorité.

Erreur ou vérité, la pensée de l'homme est sa propriété la plus sacrée; erreur ou vérité, les tyrans sont également coupables lorsqu'ils l'attaquent. Celui qui proscrit au nom de la philosophie, la superstition spéculative, celui qui proscrit au nom de Dieu, la raison indépendante, méritent également l'exécration des hommes de bien.

Qu'il me soit permis de citer encore, en finissant, M. de Clermont-Tonnerre. On ne l'accusera pas de principes exagérés. Bien qu'ami de la liberté, ou peut-être parce qu'il était ami de la liberté, il fut presque toujours repoussé des deux partis, dans l'assemblée constituante; il est mort victime de sa modération : son opinion, je pense, paraîtra de quelque poids. La religion et l'état, disait-il, sont deux choses parfaitement distinctes, parfaitement séparées, dont la réunion ne peut que dénaturer l'une et l'autre. L'homme a des relations avec son créateur : il se fait ou il reçoit telles ou telles idées sur ces relations; on appelle ce système d'idées religion. La religion de chacun, est donc l'opinion que chacun a de ses relations avec Dieu. L'opinion de chaque homme étant libre, il peut prendre ou ne pas prendre telle religion. L'opinion de la minorité ne peut jamais être assujettie à celle de la majorité: aucune opinion ne peut donc être commandée par le pacte social. La religion est de tous les tems, de tous les lieux, de tous les gouvernemens; son sanctuaire est dans la conscience de l'homme, et la conscience est la seule faculté que l'homme ne puisse jamais sacrifier à une convention sociale. Le corps social ne doit commander aucun culte, il n'en doit repousser aucun.

Mais de ce que l'autorité ne doit ni commander ni proscrire aucun culte, il n'en résulte point qu'elle ne doive pas les salarier; et ici notre constitution est encore restée fidèle aux véritables principes. Il n'est pas bon de mettre dans l'homme la religion aux prises avec l'intérêt pécuniaire. Obliger le citoyen à payer directement celui qui est en quelque sorte son interprête auprès du Dieu qu'il adore, c'est lui offrir la chance d'un profit immédiat, s'il renonce à sa croyance; c'est lui rendre onéreux des sentimens que les distractions du monde pour les uns, et ses travaux pour les autres, ne combattent déjà que trop. On a cru dire une chose philosophique, en affirmant qu'il valait mieux défricher un champ que payer un prêtre, ou bâtir un temple; mais qu'est-ce que bâtir un temple, payer un prêtre, si non reconnaître qu'il existe un être bon, juste et puissant, avec lequel on est bien aise d'être en communication? J'aime que l'Etat déclare, en salariant, je ne dis pas un clergé, mais les prêtres de toutes les communions qui sont un peu nombreuses, j'aime, dis-je, que l'Etat déclare ainsi que cette communication n'est pas interrompue, et que la terre n'a pas renié le ciel.

Les sectes naissantes n'ont pas besoin que la société se charge de l'entretien de leurs prêtres. Elles sont dans toute la ferveur d'une opinion qui commence, et d'une conviction profonde. Mais dès qu'une secte est parvenue à réunir autour de ses autels un nombre un peu considérable de membres de l'association générale, cette association doit salarier la nouvelle église. En les salariant toutes, le fardeau devient égal pour tous, et au lieu d'être un privilège, c'est une charge commune, et qui se répartit également.

Il en est de la religion comme des grandes routes : j'aime que l'Etat les entretienne, pourvu qu'il laisse à chacun le droit de préférer les sentiers.

CHAPITRE XVIII.

De la Liberté individuelle.

Toutes les constitutions qui ont été données à la France garantissaient également la liberté individuelle, et sous l'empire de ces constitutions, la liberté individuelle a été violée sans cesse. C'est qu'une simple déclaration ne suffit pas; il faut des sauve-gardes positives; il faut des corps assez puissans pour employer en faveur des opprimés les moyens de défense que la loi écrite consacre. Notre constitution actuelle est la seule qui ait créé ces sauve-gardes et investi d'assez de puissance les corps intermédiaires. La liberté de la presse placée au-dessus de toute atteinte, graces au jugement par jurés; la responsabilité des Ministres, et sur-tout celle de leurs agens inférieurs; enfin l'existence d'une représentation nombreuse et indépendante, tels sont les boulevards dont la liberté individuelle est aujourd'hui entourée.

Cette liberté en effet est le but de toute association humaine ; sur elle s'appuie la morale publique et privée : sur elle reposent les calculs de l'industrie ; sans elle il n'y a pour les hommes ni paix, ni dignité, ni bonheur.

L'arbitraire détruit la morale : car il n'y a point de morale sans sécurité, il n'y a point d'affections douces sans la certitude que les objets de ces affections reposent à l'abri sous l'égide de leur innocence. Lorsque l'arbitraire frappe sans scrupule les hommes qui lui sont suspects, ce n'est pas seulement un individu qu'il persécute, c'est la nation entière qu'il indigne d'abord et qu'il dégrade ensuite. Les hommes tendent toujours à s'affranchir de la douleur ; quand ce qu'ils aiment est menacé, ils s'en détachent, ou le défendent. Les mœurs, dit M. de Paw, se corrompent subitement dans les villes attaquées de la peste ; on s'y vole l'un l'autre en mourant : l'arbitraire est au moral ce que la peste est au physique.

Il est l'ennemi des liens domestiques ; car la sanction des liens domestiques, c'est l'espoir fondé de vivre ensemble, de vivre libres, dans l'asile que la justice garantit aux citoyens. L'arbitraire force le fils à voir opprimer son père sans le défendre, l'épouse à supporter en silence la détention de son mari, les amis et les proches à désavouer les affections les plus saintes.

L'arbitraire est l'ennemi de toutes les transactions qui fondent la prospérité des peuples; il ébranle le crédit, anéantit le commerce, frappe toutes les sécurités. Lorsqu'un individu souffre sans avoir été reconnu coupable, tout ce qui n'est pas dépourvu d'intelligenee se croit menacé, et avec raison; car la garantie est détruite, toutes les transactions s'en ressentent, la terre tremble, et l'on ne marche qu'avec effroi.

Quand l'arbitraire est toléré, il se dissémine de manière, que le citoyen le plus inconnu peut tout-à-coup le rencontrer armé contre lui. Il ne suffit pas de se tenir à l'écart et de laisser frapper les autres. Mille liens nous unissent à nos semblables, et l'égoïsme le plus inquiet ne parvient pas à les briser tous. Vous vous croyez invulnérable dans votre obscurité volontaire; mais vous avez un fils, la jeunesse l'entraîne; un frère moins prudent que vous se permet un murmure; un ancien ennemi qu'autrefois vous avez blessé, a su conquérir quelqu'influence. Que ferez-vous alors? après avoir avec amertume blamé toute réclamation, rejeté toute plainte, vous plaindrez-vous à votre tour? Vous êtes condamné d'avance, et par votre propre conscience, et par cette opinion publique avilie que vous avez contribué vous-même à former. Céderez-vous sans résistance? Mais vous permettra-t-on de céder? N'écartera-t-on pas, ne poursuivra-t-on point un objet importun, monument d'une injustice? Vous avez vu des opprimés. Vous les avez jugé coupables: vous avez donc frayé la route où vous marchez à votre tour.

L'arbitraire est incompatible avec l'existence d'un gouvernement considéré sous le rapport de son institution; car les institutions politiques ne sont que des contrats, la nature des contrats est de poser des bornes fixes; or l'arbitraire étant précisément l'opposé de ce qui constitue un contrat, sappe dans sa base toute institution politique.

L'arbitraire est dangereux pour un gouvernement considéré sous le rapport de son action; car, bien qu'en précipitant sa marche, il lui donne quelquefois l'air de la force, il ôte néanmoins toujours à son action la régularité et la durée.

En disant à un peuple, vos lois sont insuffisantes pour vous gouverner, l'on autorise ce peuple à répondre : si nos lois sont insuffisantes, nous voulons d'autres lois ; et à ces mots, toute l'autorité légitime est remise en doute : il ne reste plus que la force ; car ce serait aussi croire trop à la duperie des hommes, que de leur dire : Vous avez consenti à vous imposer telle ou telle gêne, pour vous assurer telle protection. Nous vous ôtons cette protection, mais nous vous laissons cette gêne ; vous supporterez, d'un côté, toutes les entraves de l'état social, et de l'autre, vous serez exposés à tous les hasards de l'état sauvage.

L'arbitraire n'est d'aucun secours à un gouvernement, sous le rapport de sa sûreté. Ce qu'un gouvernement fait par la loi contre ses ennemis, ses ennemis ne peuvent le faire contre lui par la loi, car elle est précise et formelle ; mais ce qu'il fait contre ses ennemis par l'arbitraire, ses ennemis peuvent aussi le faire contre lui par l'arbitraire ; car l'arbitraire est vague et sans bornes (1).

(1) Réactions politiques. Paris, 1797, pag. 85—87.

Quand un gouvernement régulier se permet l'emploi de l'arbitraire, il sacrifie le but de son existence aux mesures qu'il prend pour la conserver. Pourquoi veut-on que l'autorité réprime ceux qui attaqueraient nos propriétés, notre liberté ou notre vie? Pour que ces jouissances nous soient assurées. Mais si notre fortune peut être détruite, notre liberté menacée, notre vie troublée par l'arbitraire, quels biens retirons-nous de la protection de l'autorité? Pourquoi veut-on qu'elle punisse ceux qui conspireraient contre la constitution de l'état? parce que l'on craint de voir substituer une puissance oppressive à une organisation légale. Mais si l'autorité exerce elle-même cette puissance oppressive, quel avantage conserve-t-elle? un avantage de fait pendant quelque tems peut-être. Les mesures arbitraires d'un gouvernement consolidé sont toujours moins multipliées que celles des factions qui ont encore à établir leur puissance : mais cet avantage même se perd en raison de l'arbitraire. Ses moyens une fois admis, on les trouve tellement courts, tellement commodes, qu'on ne veut plus en employer d'autres. Présentés d'abord comme une ressource extrême dans des circonstances infiniment rares, l'arbitraire devient la solution de tous les problêmes et la pratique de chaque jour.

Ce qui préserve de l'arbitraire, c'est l'observance des formes. Les formes sont les divinités tutélaires des associations humaines; les formes sont les seules protectrices de l'innocence, les formes sont les seules relations des hommes entre eux. Tout est obscur d'ailleurs : tout est livré à la conscience solitaire, à l'opinion vacillante. Les formes seules sont en évidence, c'est aux formes seules que l'opprimé peut en appeler.

Ce qui remédie à l'arbitraire, c'est la responsabilité des agens. Les anciens croyaient que les lieux souillés par le crime devaient subir une expiation, et moi je crois qu'à l'avenir le sol flétri par un acte arbitraire aura besoin, pour être purifié, de la punition éclatante du coupable, et toutes les fois que je verrai chez un peuple un citoyen arbitrairement incarcéré, et que je ne verrai pas le prompt châtiment de cette violation des formes, je dirai : ce peuple peut désirer d'être libre, il peut mériter de l'être; mais il ne connaît pas encore les premiers élémens de la liberté (1).

Plusieurs n'aperçoivent dans l'exercice de l'arbitraire qu'une mesure de police; et comme apparemment ils espèrent en être toujours les distributeurs, sans en être jamais les objets, ils la trouvent très-bien calculée pour le repos public et pour le bon ordre; d'autres plus ombrageux, n'y démêlent pourtant qu'une vexation particulière : mais le péril est bien plus grand.

Donnez aux dépositaires de l'autorité exécutive, la puissance d'attenter à la liberté individuelle, et vous anéantissez toutes les garanties, qui sont la condition première et le but unique de la réunion des hommes sous l'empire des lois.

Vous voulez l'indépendance des tribunaux, des juges et des jurés. Mais si les membres des tribunaux, les jurés et les juges pouvaient être arrêtés arbitrairement, que deviendrait leur indépendance? Or, qu'arriverait-il, si l'arbitraire était permis contre eux, non pour leur conduite publique, mais

(1) Discours au Cercle Constitutionnel, en 1798.

pour des causes secrètes? L'autorité ministérielle, sans doute, ne leur dicterait pas ses arrêts, lorsqu'ils seraient assis sur leurs bancs, dans l'enceinte inviolable en apparence où la loi les aurait placés. Elle n'oserait pas même, s'ils obéissaient à leur conscience, en dépit de ses volontés, les arrêter ou les exiler, comme jurés et comme juges. Mais elle les arrêterait, elle les exilerait, comme des individus suspects. Tout au plus attendrait-elle que le jugement qui ferait leur crime à ses yeux fût oublié, pour assigner quelque autre motif à la rigueur exercée contre eux. Ce ne seraient donc pas quelques citoyens obscurs que vous auriez livrés à l'arbitraire de la police; ce seraient tous les tribunaux, tous les juges, tous les jurés, tous les accusés, par conséquent, que vous mettriez à sa merci.

Dans un pays où des ministres disposeraient sans jugement des arrestations et des exils, en vain semblerait-on, pour l'intérêt des lumières, accorder quelque latitude ou quelque sécurité à la presse. Si un écrivain, tout en se conformant aux lois, heurtait les opinions ou censurait les actes de l'autorité, on ne l'arrêterait pas, on ne l'exilerait pas comme écrivain, on l'arrêterait, on l'exilerait comme un individu dangereux, sans en assigner la cause.

A quoi bon prolonger par des exemples le développement d'une vérité si manifeste? Toutes les fonctions publiques, toutes les situations privées, seraient menacées également. L'importun créancier qui aurait pour débiteur un agent du pouvoir, le père intraitable qui lui refuserait la main de sa fille, l'époux incommode qui défendrait contre lui la sagesse de sa femme, le concurrent dont le mérite, ou le surveillant dont la vigilance lui seraient des sujets d'alarme, ne se verraient point sans doute arrêtés ou exilés comme créanciers, comme pères, comme époux, comme surveillans ou comme rivaux. Mais l'autorité pouvant les arrêter, pouvant les exiler pour des raisons secrètes, où serait la garantie qu'elle n'inventerait pas ces raisons secrètes? Que risquerait-elle? Il serait admis qu'on ne peut lui en demander un compte légal; et quant à l'explication que par prudence elle croirait peut-être devoir accorder à l'opinion, comme rien ne pourrait être approfondi ni vérifié, qui ne prévoit que la calomnie serait suffisante pour motiver la persécution (1)?

Rien n'est à l'abri de l'arbitraire, quand une fois il est toléré. Aucune institution ne lui échappe. Il les annulle toutes dans leur base. Il trompe la société par des formes qu'il rend impuissantes. Toutes les promesses deviennent des parjures, toutes les garanties des piéges pour les malheureux qui s'y confient.

Lorqu'on excuse l'arbitraire, ou qu'on veut pallier ses dangers, on raisonne toujours, comme si les citoyens n'avaient de rapports qu'avec le dépositaire suprême de l'autorité. Mais on en a d'inévitables et de plus directs avec tous les agens secondaires. Quand vous permettez l'exil, l'emprisonnement, ou toute vexation qu'aucune loi n'autorise, qu'aucun jugement n'a précédée, ce n'est pas sous le pouvoir du monarque que vous placez les citoyens, ce n'est pas même sous le pouvoir des ministres : c'est sous la verge de l'autorité la plus subalterne. Elle peut les atteindre par une mesure provisoire, et justifier cette mesure par un récit mensonger. Elle triomphe pourvu qu'elle trompe, et la faculté de tromper lui

(1) De la Respons. des Ministr. p. 78—80.

est assurée. Car, autant le Prince et les Ministres sont heureusement placés pour diriger les affaires générales, et pour favoriser l'accroissement de la prospérité de l'état, de sa dignité, de sa richesse et de sa puissance, autant l'étendue même de ces fonctions importantes leur rend impossible l'examen détaillé des intérêts des individus; intérêts minutieux et imperceptibles, quand on les compare à l'ensemble, et non moins sacrés toutefois, puisqu'ils comprennent la vie, la liberté, la sécurité de l'innocence. Le soin de ces intérêts doit donc être remis à ceux qui peuvent s'en occuper, aux Tribunaux, chargés exclusivement de la recherche des griefs, de la vérification des plaintes, de l'investigation des délits; aux Tribunaux, qui ont le loisir, comme ils ont le devoir, de tout approfondir, de tout peser dans une balance exacte; aux Tribunaux, dont telle est la mission spéciale, et qui seuls peuvent la remplir.

Je ne sépare point dans mes réflexions les exils d'avec les arrestations et les emprisonnemens arbitraires. Car c'est à tort que l'on considère l'exil comme une peine plus douce

Nous sommes trompés par les traditions de l'ancienne monarchie. L'exil de quelques hommes distingués nous fait illusion. Notre mémoire nous retrace M. de Choiseuil, environné des hommages d'amis généreux, et l'exil nous semble une pompe triomphale. Mais descendons dans des rangs plus obscurs, et transportons-nous à d'autres époques. Nous verrons dans ces rangs obscurs l'exil arrachant le père à ses enfans, l'époux à sa femme, le commerçant à ses entreprises, forçant les parens à interrompre l'éducation de leur famille ou à la confier à des mains mercenaires, séparant les amis de leurs amis, troublant le vieillard dans ses habitudes, l'homme industrieux dans ses spéculations, le talent dans ses travaux. Nous verrons l'exil uni à la pauvreté ; le dénuement poursuivant la victime sur une terre inconnue, les premiers besoins difficiles à satisfaire, les moindres jouissances impossibles. Nous verrons l'exil uni à la défaveur, entourant ceux qu'il frappe de soupçons et de défiances, les précipitant dans un atmosphère de proscription, les livrant tour à tour à la froideur du premier étranger, à l'insolence du dernier agent.

Nous verrons l'exil, glaçant toutes les affections dans leur source, la fatigue enlevant à l'exilé l'ami qui le suivait, l'oubli lui disputant les autres amis dont le souvenir représentait à ses yeux sa patrie absente, l'égoïsme adoptant les accusations pour apologies de l'indifférence, et le proscrit délaissé s'efforçant en vain de retenir, au fond de son âme solitaire, quelque imparfait vestige de sa vie passée.

Le gouvernement actuel est le premier de tous les gouvernemens de France, qui ait renoncé formellement à cette prérogative terrible, dans la constitution qu'il a proposée (1). C'est en consacrant de la sorte tous les droits, toutes les libertés, c'est en assurant à la nation ce qu'elle voulait en 1789, ce qu'elle veut encore aujourd'hui, ce qu'elle demande, avec une persévérance imperturbable, depuis vingt-cinq ans, toutes les fois qu'elle ressaisit la faculté de se faire entendre; c'est ainsi que ce gouvernement jetera chaque jour, dans le cœur des Français, des racines plus profondes.

---

(1) Art. 61. Nul ne peut être poursuivi, arrêté, détenu ni exilé que dans les cas prévus par la loi.

CHAPITRE XIX.

Des Garanties judiciaires.

La Charte de 1814 laissait beaucoup de vague sur l'inamovibilité des juges. Elle ne déclarait inamovibles que ceux que le Roi nommerait, sans fixer un terme de rigueur, pour investir de la nomination royale les juges déjà en fonction par l'effet d'une nomination antérieure. Cette dépendance dans laquelle se trouvait un grand nombre d'individus, n'a pas été inutile au ministère d'alors.

Plus franc et plus ferme dans sa marche, le Gouvernement actuel a renoncé à toute prérogative équivoque dans la Constitution nouvelle. Il a consacré l'inamovibilité des juges, à partir d'une époque fixe et rapprochée.

En effet, toute nomination temporaire, soit par le Gouvernement, soit par le Peuple, toute possibilité de révocation à moins d'un jugement positif, portent d'égales atteintes à l'indépendance du pouvoir judiciaire.

On s'est élevé fortement contre la vénalité des charges. C'était un abus, mais cet abus avait un avantage que l'ordre judiciaire qui l'a remplacé nous a fait regretter souvent.

Durant presque toute la révolution, les tribunaux, les juges, les jugemens, rien n'a été libre. Les divers partis se sont emparés, tour à tour, des instrumens et des formes de la loi. Le courage des guerriers les plus intrépides eut à peine suffi à nos magistrats, pour prononcer leurs arrêts suivant leur conscience. Ce courage qui fait braver la mort dans une bataille, est plus facile que la profession publique d'une opinion indépendante, au milieu des menaces des tyrans ou des factieux. Un juge amovible ou révocable est plus dangereux qu'un juge qui a acheté son emploi. Avoir acheté sa place est une chose moins corruptrice qu'avoir toujours à redouter de la perdre. Je suppose d'ailleurs établies et consacrées l'institution des jurés, la publicité des procédures et l'existence de lois sévères contre les juges prévaricateurs. Mais ces précautions prises, que le pouvoir judiciaire soit dans une indépendance parfaite : que toute autorité s'interdise jusqu'aux insinuations contre lui. Rien n'est plus propre à dépraver l'opinion et la morale publique, que ces déclamations perpétuelles, répétées parmi nous dans tous les sens, à diverses époques, contre des hommes qui devaient être inviolables, ou qui devaient être jugés.

Que, dans une monarchie constitutionnelle, la nomination des juges doive appartenir au Prince, est une vérité évidente. Dans un pareil gouvernement, il faut donner au pouvoir royal toute l'influence et même toute la popularité que la liberté comporte. Le Peuple peut se tromper fréquemment dans l'élection des juges. Les erreurs du Pouvoir royal sont nécessairement plus rares. Il n'a aucun intérêt à en commettre ; il en a un pressant à s'en préserver, puisque les juges sont inamovibles, et qu'il ne s'agit pas de commissions temporaires.

Pour achever de garantir l'indépendance des juges, peut-être faudra-t-il un jour accroître leurs appointemens. Règle générale : attachez aux fonctions publiques des salaires qui entourent de considération ceux qui les occupent, ou rendez-les tout-à-fait gratuites. Les représentans du peuple, qui sont en évidence et qui peuvent espérer la gloire, n'ont pas besoin d'être payés : mais les fonctions de juges ne sont pas de nature à être exercées gratuitement ; et toute fonction qui a besoin d'un salaire, est méprisée, si ce salaire est très-modique. Diminuez le nombre des juges ; assignez-leur des arrondissemens qu'ils parcourent, et donnez-leur des appointemens considérables.

L'inamovibilité des juges ne suffirait pas pour entourer l'innocence des sauve-gardes qu'elle a droit de réclamer, si à ces juges inamovibles on ne joignait l'institution des jurés, cette institution si calomniée, et pourtant déjà si bienfaisante, malgré les imperfections dont on n'a pu encore l'affranchir entièrement.

Je sais qu'on attaque parmi nous l'institution des jurés par des raisonnemes tirés du défaut de zèle, de l'ignorance, de l'insouciance, de la frivolité française. Ce n'est pas l'institution, c'est la nation qu'on accuse. Mais qui ne voit qu'une institution peut, dans ses premiers tems, paraître peu convenable à une nation, en raison du peu d'habitude, et devenir convenable et salutaire, si elle est bonne intrinsèquement, parce que la nation acquiert, par l'institution même, la capacité qu'elle n'avait pas? Je répugnerai toujours à croire une nation insouciante sur le premier de ses intérêts, sur l'administration de la justice et sur la garantie à donner à l'innocence accusée.

Les Français, dit un adversaire du juré, celui de tous peut-être dont l'ouvrage a produit contre cette institution l'impression la plus profonde (1), *les Français n'auront jamais l'instruction ni la fermeté nécessaire pour que le juré remplisse son but. Telle est notre indifférence pour tout ce qui a rapport à l'administration publique, tel est l'empire de l'égoïsme et de l'intérêt particulier, la tiédeur, la nullité de l'esprit public, que la loi qui établit ce mode de procédure ne peut*

(1) M. Gach, président d'un tribunal de première instance dans le département du Lot.

être exécutée. Mais ce qu'il faut, c'est avoir un esprit public qui surmonte cette tiédeur et cet égoïsme. Croit-on qu'un esprit semblable existerait chez les Anglais, sans l'ensemble de leurs institutions politiques? Dans un pays où l'institution des jurés a sans cesse été suspendue, la liberté des tribunaux violée, les accusés traduits devant des commissions, cet esprit ne peut naître : on s'en prend à l'institution des jurés; c'est aux atteintes qu'on lui a portées qu'il faudrait s'en prendre.

Le juré, dit-on, *ne pourra pas, comme l'esprit de l'institution l'exige, séparer sa conviction intime d'avec les pièces, les témoignages, les indices; choses qui ne sont pas nécessaires, quand la conviction existe, et qui sont insuffisantes, quand la conviction n'existe pas.* Mais il n'y a aucun motif de séparer ces choses; au contraire, elles sont les élémens de la conviction. L'esprit de l'institution veut seulement que le juré ne soit pas astreint à prononcer d'après un calcul numérique, mais d'après l'impression que l'ensemble des pièces, témoignages ou indices aura produite sur lui. Or, les lumières du simple bon sens suffisent pour qu'un juré sache et puisse déclarer, si, après avoir entendu les témoins, pris lecture des pièces, comparé les indices, il est convaincu ou non.

Si les jurés, continue l'auteur que je cite, *trouvent une loi trop sévère, ils absoudront l'accusé, et déclareront le fait non constant contre leur conscience;* et il suppose le cas où un homme serait accusé d'avoir donné asile à son frère, et aurait par cette action encouru la peine de mort. Cet exemple, selon moi, loin de militer contre l'institution du juré, en fait le plus grand éloge; il prouve que cette institution met obstacle à l'exécution des lois contraires à l'humanité, à la justice et à la morale. On est homme avant d'être juré: par conséquent, loin de blâmer le juré qui, dans ce cas, manquerait à son devoir de juré, je le louerais de remplir son devoir d'homme, et de courir, par tous les moyens qui seraient en son pouvoir, au secours d'un accusé, prêt à être puni d'une action qui, loin d'être un crime, est une vertu. Cet exemple ne prouve point qu'il ne faille pas de jurés; il prouve qu'il ne faut pas de lois qui prononcent peine de mort contre celui qui donne asile à son frère.

Mais alors, poursuit-on, *quand les peines seront excessives ou paraîtront telles au juré, il prononcera contre sa conviction.* Je réponds que le juré, comme citoyen et comme propriétaire, a intérêt à ne pas laisser impunis les attentats qui menacent la sûreté, la propriété ou la vie de tous les membres du corps social; cet intérêt l'emportera sur une pitié passagère : l'Angleterre nous en offre une démonstration peut-être affligeante. Des peines rigoureuses sont appliquées à des délits qui certainement ne les méritent pas; et les jurés ne s'écartent point de leur conviction, même en plaignant ceux que leur déclaration livre au supplice (1). Il y a dans l'homme un certain respect pour la loi écrite; il lui faut des motifs très-puissans pour la surmonter. Quand ces motifs existent, c'est la faute des lois. Si les peines paraissent excessives au juré, c'est qu'elles le seront; car, encore une fois, ils n'ont aucun intérêt à les trouver telles. Dans

(1) J'ai vu des jurés, en Angleterre, déclarer coupable une jeune fille, pour avoir volé de la mousseline de la valeur de treize schelings. Ils savaient que leur déclaration emportait contre elle la peine de mort.

les cas extrêmes, c'est-à-dire, quand les jurés seront placés entre un sentiment irrésistible de justice et d'humanité, et la lettre de la loi, j'oserai le dire, ce n'est pas un mal qu'ils s'en écartent; il ne faut pas qu'il existe une loi qui révolte l'humanité du commun des hommes, tellement que des jurés, pris dans le sein d'une nation, ne puissent se déterminer à concourir à l'application de cette loi, et l'institution de juges permanens, que l'habitude réconcilierait avec cette loi barbare, loin d'être un avantage, serait un fléau.

Les jurés, dit-on, *manqueront à leur devoir, tantôt par peur, tantôt par pitié :* si c'est par peur, ce sera la faute de la police, trop négligente, qui ne les mettra pas à l'abri des vengeances individuelles : si c'est par pitié, ce sera la faute de la loi trop rigoureuse.

L'insouciance, l'indifférence, la frivolité françaises, sont le résultat d'institutions défectueuses, et l'on allègue l'effet, pour perpétuer la cause. Aucun peuple ne reste indifférent à ses intérêts, quand on lui permet de s'en occuper : lorsqu'il leur est indifférent, c'est qu'on l'en a repoussé. L'institution du juré est sous ce rapport d'autant plus nécessaire au peuple français, qu'il en paraît momentanément plus incapable : il y trouvera non-seulement les avantages particuliers de l'institution, mais l'avantage général et plus important de refaire son éducation morale.

A l'inamovibilité des juges, et à la sainteté des jurés, il faut réunir encore le maintient constant et scrupuleux des formes judiciaires.

Par une étrange pétition de principe, l'on a sans cesse, durant la révolution, déclaré convaincus d'avance les hommes qu'on allait juger.

Les formes sont une sauve-garde : l'abbréviation des formes est la diminution ou la perte de cette sauve-garde. L'abbréviation des formes est donc une peine. Que si nous infligeons cette peine à un accusé, c'est donc que son crime est démontré d'avance. Mais si son crime est démontré, à quoi bon un tribunal, quel qu'il soit ? Si son crime n'est pas démontré, de quel droit le placez-vous dans une classe particulière et proscrite, et le privez-vous, sur un simple soupçon, du bénéfice commun à tous les membres de l'état social ?

Cette absurdité n'est pas la seule. Les formes sont nécessaires ou sont inutiles à la conviction : si elles sont inutiles, pourquoi les conservez-vous dans les procès ordinaires? si elles sont nécessaires, pourquoi les retranchez-vous dans les procès les plus importans? Lorsqu'il s'agit d'une faute légère, et que l'accusé n'est menacé ni dans sa vie, ni dans son honneur, l'on instruit sa cause de la manière la plus solennelle ; mais lorsqu'il est question de quelque forfait épouvantable, et par conséquent de l'infamie et de la mort, l'on supprime d'un mot toutes les précautions tutélaires, l'on ferme le Code des lois, l'on abrège les formalités, comme si l'on pensait que plus une accusation est grave, plus il est superflu de l'examiner!

Ce sont des brigands, dites-vous, des assassins, des conspirateurs, auxquels seuls nous enlevons le bénéfice des formes ; mais avant de les reconnaître pour tels, ne faut-il pas constater les faits? Or les formes sont les moyens de constater les faits. S'il en existe de meilleurs ou de plus courts, qu'on les prenne ; mais qu'on les prenne alors pour toutes les causes. Pourquoi y aurait-il une classe de faits, sur laquelle on observerait des lenteurs superflues, ou bien une autre classe, sur laquelle on déciderait avec une précipitation dangereuse? Le dilemme est clair. Si la précipitation n'est pas dangereuse, les lenteurs sont superflues; si les lenteurs ne sont pas superflues, la précipitation est dangereuse. Ne dirait-on pas qu'on peut distinguer à des signes extérieurs et infaillibles, avant le jugement, les hommes innocens et les hommes coupables, ceux qui doivent jouir de la prérogative des formes, et ceux qui doivent en être privés? C'est parce que ces signes n'existent pas, que les formes sont indispensables; c'est parce que les formes ont paru l'unique moyen pour discerner l'innocent du coupable, que tous les peuples libres et humains en ont réclamé l'institution. Quelqu'imparfaites que soient les formes, elles ont une faculté protectrice qu'on ne leur ravit qu'en les détruisant; elles sont les ennemies nées, les adversaires inflexibles de la tyrannie, populaire ou autre. Aussi long-temps qu'elles subsistent, les tribunaux opposent à l'arbitraire une résistance plus ou moins généreuse, mais qui sert à le contenir. Sous Charles Ier, les tribunaux anglais acquittèrent, malgré les menaces de la

Cour, plusieurs amis de la liberté; sous Cromwell, bien que dominés par le protecteur, ils renvoyèrent souvent absous des citoyens accusés d'attachement à la monarchie; sous Jacques II, Jefferies fut obligé de fouler aux pieds les formes, et de violer l'indépendance des juges mêmes de sa création, pour assurer les nombreux supplices des victimes de sa fureur. Il y a dans les formes quelque chose d'imposant et de précis, qui force les juges à se respecter eux-mêmes, et à suivre une marche équitable et régulière. L'affreuse loi, qui, sous Robespierre, déclara les preuves superflues, et supprima les défenseurs, est un hommage rendu aux formes. Cette loi démontre que les formes, modifiées, mutilées, torturées en tout sens, par le génie des factions, gênaient encore des hommes choisis soigneusement entre tout le peuple, comme les plus affranchis de tout scrupule de conscience et de tout respect pour l'opinion (1).

(1) Un article excellent de la Constitution actuelle, c'est celui qui restreint la juridiction militaire aux délits militaires seulement, et non pas comme autrefois aux délits des militaires. Car sous ce prétexte, tantôt

Enfin, je considère le droit de grâce, dont notre constitution investit l'Empereur, comme une dernière protection accordée à l'innocence.

L'on a opposé à ce droit lors de ces dilemmes tranchans qui semblent simplifier les questions, parce qu'ils les faussent. Si la loi est juste, a-t-on dit, nul ne doit avoir le droit d'en empêcher l'exécution : si la loi est injuste, il faut la changer. Il ne manque à ce raisonnement qu'une condition, c'est qu'il y ait une loi pour chaque fait.

Plus une loi est générale, plus elle s'éloigne des actions particulières, sur lesquelles néanmoins elle est destinée à prononcer. Une loi ne peut être parfaitement juste que pour une seule circonstance : dès qu'elle s'applique à deux circonstances, que distingue la différence la plus légère, elle est plus ou moins injuste dans l'un des deux cas. Les faits se nuancent à l'infini ; les lois ne peuvent suivre toutes ces nuances. Le dilemme que nous avons rapporté est donc erroné. La loi peut être juste, comme loi générale,

---

on privait les militaires des formes civiles, tantôt on soumettait les citoyens aux formes militaires.

c'est-à-dire, il peut être juste d'attribuer telle peine à telle action; et cependant la loi peut n'être pas juste dans son application à tel fait particulier, c'est-à-dire, telle action matériellement la même que celle que la loi avait en vue, peut en différer d'une manière réelle, bien qu'indéfinissable légalement. Le droit de faire grâce n'est autre chose que la conciliation de la loi générale avec l'équité particulière.

La nécessité de cette conciliation est si impérieuse, que dans tous les pays où le droit de faire grâce est rejeté, l'on y supplée par toutes sortes de ruses. Parmi nous, autrefois, le tribunal de cassation s'en était investi à quelques égards. Il cherchait, dans les jugemens qui semblaient infliger des peines trop rigoureuses, un vice de formes qui en autorisât l'annullation; et pour y parvenir, il avait fréquemment recours à des informalités très-minutieuses : mais c'était un abus, bien que son motif le rendît excusable. La constitution de 1815 a eu raison d'en revenir à une idée plus simple, et de rendre au pouvoir suprême l'une de ses prérogatives les plus touchantes et les plus naturelles.

CHAPITRE XX.

Dernières Considérations.

Nos représentans auront à s'occuper de plusieurs des questions dont je viens de traiter dans cet ouvrage. Le Gouvernement lui-même a pris soin d'annoncer, comme je l'ai dit en commençant, que la constitution pourra être améliorée. Il est à souhaiter qu'on y procède lentement, à loisir, sans impatience, et sans vouloir devancer le tems. Si cette constitution a des défauts, c'est une preuve que les hommes les mieux intentionnés ne prévoient pas toujours les conséquences de chaque article d'une constitution. La même chose pourrait arriver à ceux qui voudraient la refondre pour la corriger. Il est facile de rendre son habitation plus commode, lorsqu'on n'y fait que des changemens partiels : ils sont d'autant plus doux qu'ils sont presqu'insensibles ; mais il est dangereux d'abattre son habitation pour la rebatir, surtout lorsqu'en attendant, on n'a point d'asile.

L'étranger nous contemple, il sait que nous sommes une nation forte. S'il nous voit profiter d'une constitution, fut-elle imparfaite, il verra que nous sommes une nation raisonnable, et notre raison sera pour lui plus imposante que notre force. L'étranger nous contemple, il sait qu'à notre tête marche le premier général du siècle. S'il nous voit ralliés autour de lui, il se croira vaincu d'avance : mais divisés, nous périssons.

On a beaucoup vanté la magnanimité de nos ennemis. Cette magnanimité ne les a pas empêchés de s'indemniser des frais de la guerre. Ils nons ont ravi la Belgique et le Rhin, qu'une possession longue et des traités solemnels avaient identifiés avec la France. Vainqueurs aujourd'hui, leur magnanimité les porterait à s'indemniser de nouveau. Ils nous prendraient la Franche-Comté, la Lorraine et l'Alsace. Pourquoi les proclamations de Bruxelles seraient-elles mieux observées que les proclamations de Francfort?

L'Empereur a donné de la sincérité de ses intentions le plus incontestable gage; il a rassemblé autour de lui six cents vingt-neuf représentans de la nation, librement élus, et sur le choix desquels le Gouvernement n'a pu exercer aucune influence. Au moment de cette réunion solemnelle, il exerçait la dictature. S'il n'eût voulu que le despotisme, il pouvait essayer de la garder.

Son intérêt s'y opposait, dira-t-on. Sans doute : mais n'est-ce pas dire que son intérêt est d'accord avec la liberté ? Et n'est-ce pas une raison de confiance ?

Il a le premier, depuis l'assemblée constituante, convoqué en entier une représentation toute nationale. Il a respecté, même avant que la constitution ne fut en vigueur, la liberté illimitée de la presse, dont les excès ne sont qu'un plus éclatant hommage à la fermeté de sa noble résolution. Il a restitué à une portion nombreuse du peuple le droit de choisir ses magistrats.

C'est qu'aussitôt qu'il a vu le but, il a discerné la route. Il a mieux conçu qu'aucun homme, que lorsqu'on adopte un systême, il faut l'adopter complètement ; que la liberté doit être entière ; qu'elle est la garantie, comme la limite du pouvoir ; et le sentiment de sa force l'a mis au-dessus de ces arrières pensées, doubles et pusillanimes, qui séduisent les esprits étroits, et qui partagent les âmes faibles.

Ce sont des faits, et ces faits expliquent notre conduite, à nous qui nous sommes ralliés au gouvernement actuel, dans ce moment de crise, à nous, qui, restés étrangers au maître de la terre, nous sommes rangés autour du fondateur d'une constitution libre et du défenseur de la patrie.

Quand son arrivée retentit d'un bout de l'Europe à l'autre, nous voyions en lui le conquérant du monde, et nous désirions la liberté. Qui n'eut dit en effet qu'elle aurait meilleur marché de la timidité et de la faiblesse que d'une force immense et presque miraculeuse?

Je le crus, je l'avoue, et dans cet espoir, après être demeuré dix mois sans communications avec le gouvernement qui vient de tomber, après avoir été sans cesse en opposition avec ses mesures, sur la liberté de la presse, sur la responsabilité des ministres, sur l'obéissance passive, je me rapprochai de ses alentours, lorsqu'il s'écroulait. Je leur répétais sans cesse que c'était la liberté qu'il fallait sauver, et qu'eux-mêmes ne pouvaient se sauver que par la liberté. Tel est désormais le sort de tous les gouvernemens de la France. Mais ces paroles impuissantes effarouchaient des oreilles peu accoutumées à les entendre.

Quelques mots de constitution furent prononcés; mais pas une mesure nationale ne fut prise, pas une démarche franche ne vint rassurer l'opinion flottante. Tout était cahos, stupeur, confusion. C'était à qui désespérerait de la cause et l'annoncerait comme désespérée. C'est que la liberté, le vrai moyen de salut, leur était odieuse.

Ce gouvernement s'est éloigné. Que devions-nous faire? Suivre un parti qui n'était pas le nôtre, que nous avions combattu, quand il avait l'apparence de la force, dont chaque intention, chaque pensée était l'opposé de nos opinions et de nos vœux, un parti que nous avions défendu durant quelques jours, seulement comme moyen, comme passage vers la liberté? Mais désormais le but de tous nos efforts était manqué. Est-ce une monarchie constitutionnelle que nous pouvons attendre de l'étranger? Non certes. C'est ou le partage de la France, ou une administration dépendante, docile exécutrice des ordres qu'elle recevrait de lui.

Quand Jacques II quitta l'Angleterre, les Anglais déclarèrent que sa fuite était une abdication : c'est depuis cette époque qu'ils sont libres.

Non. Je n'ai pas voulu me réunir à nos ennemis, et mendier le carnage des Français pour relever une seconde fois ce qui retomberait de nouveau.

S'efforcer de défendre un Gouvernement qui s'abandonne lui-même, ce n'est pas promettre de s'expatrier avec lui : donner une preuve de dévouement à la faiblesse sans espoir et sans ressource, ce n'est pas abjurer le sol de ses pères : affronter des périls pour une cause qu'on espère rendre bonne après l'avoir sauvée, ce n'est pas se vouer à cette cause, quand, toute pervertie et toute changée, elle prend l'étranger pour auxiliaire et pour moyen le massacre et l'incendie. Ne pas fuir enfin, ce n'est pas être transfuge. Sans doute, en se rendant ce solemnel témoignage, on éprouve encore des sentimens amers. L'on apprend, non sans étonnement et sans une peine que ne peut adoucir la nouveauté de la découverte, à quel point l'estime est un lourd fardeau pour les cœurs, et combien, quand on croit qu'un homme irréprochable a cessé de l'être, on est heureux de le condamner.

L'avenir répondra; car la liberté sortira de cet avenir, quelqu'orageux qu'il paraisse encore. Alors, après avoir pendant vingt ans, réclamé les droits de l'espèce humaine, la sûreté des individus, la liberté de la pensée, la garantie des propriétés, l'abolition de tout arbitraire, j'oserai me féliciter de m'être réuni, avant la victoire, aux institutions qui consacrent tous ces droits. J'aurai accompli l'ouvrage de ma vie.

ERRATA.

Pag. 14, lig. 4, quelles que, *lisez* quelques.
— 36, — 13, n'obéis, — n'obéissent.
— 59, — 10, des écarts, — leurs écarts.
— 78, — 3, ce mode d'élection, — l'élection directe.
— 80, — 1, peut, — pourrait.
— 89, — 20, les propriétés, — leurs propriétés.
— 98, — 22, le fondateur, — les fondateurs.
— 114 — lig. 13, après ces mots, *rien à la partie morale de l'homme*, ajoutez : *on dit le champ de mes ancêtres, la cabane de mes pères.*
— 134, — 20, l'ignorance, — l'inexpérience.
— 144, — 14, leur, — leurs.
— 155, — 18, lesquels, — lesquelles.
— 164, — 21, inpuni, — impuni.
— 173, — 7, le peuple, — au peuple.
— 175, — 22, après ces mots *investie de toute la*, ajoutez *force, entourée de toute la.*
— 191, — 11, 404000 mille, — 44000.
— 210, — 9, le repousser, — les repousser.
— 257, — 2, convaicre, — convaincre.
— 310, — 22, après ces mots *constater les faits*, ajoutez *Or ces formes sont les moyens de constater les faits.*
— 313, — 7, faussen, — faussent.

TABLE.

BIBLIOTHÈQUE NATIONALE
R.F.

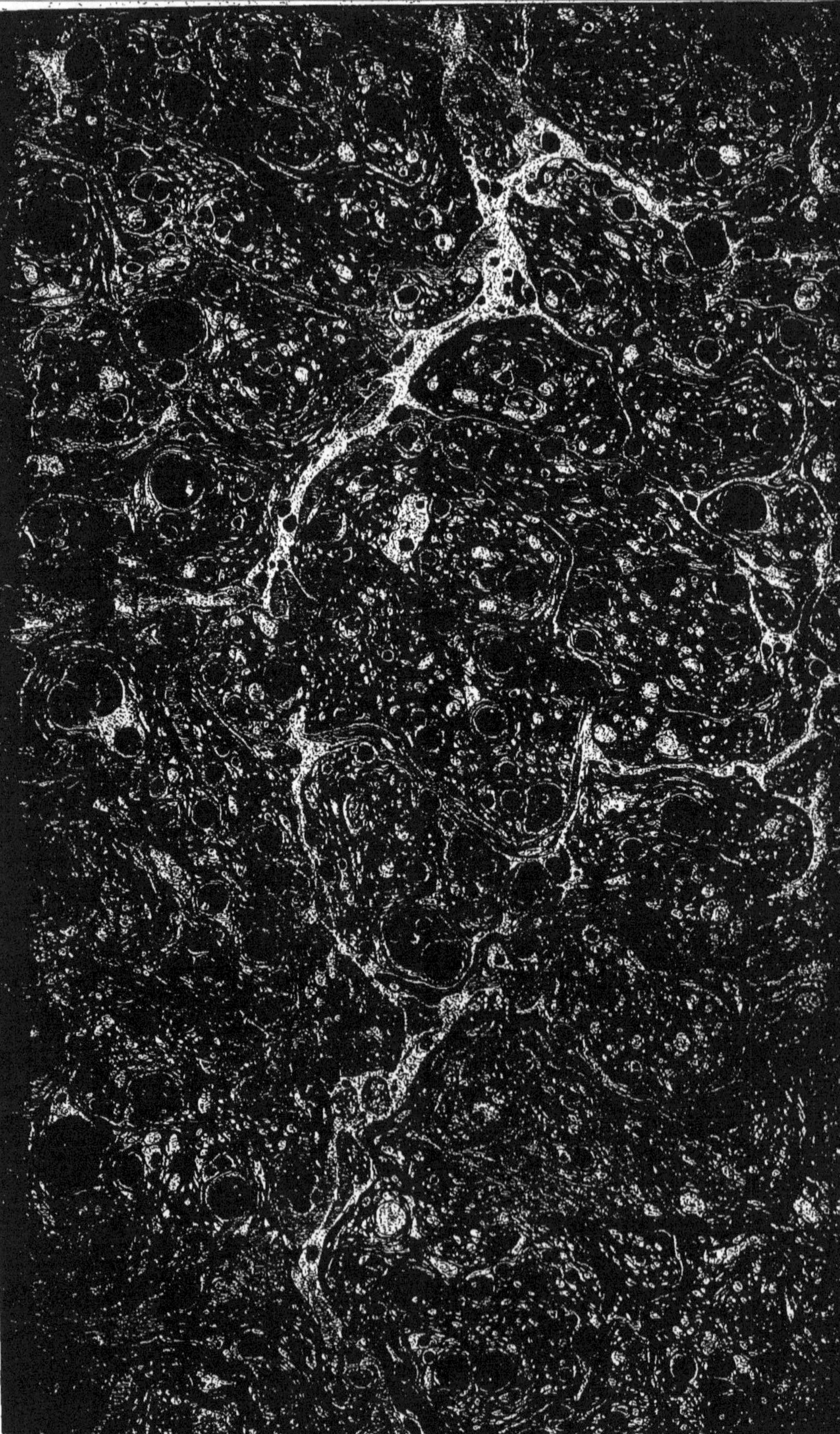

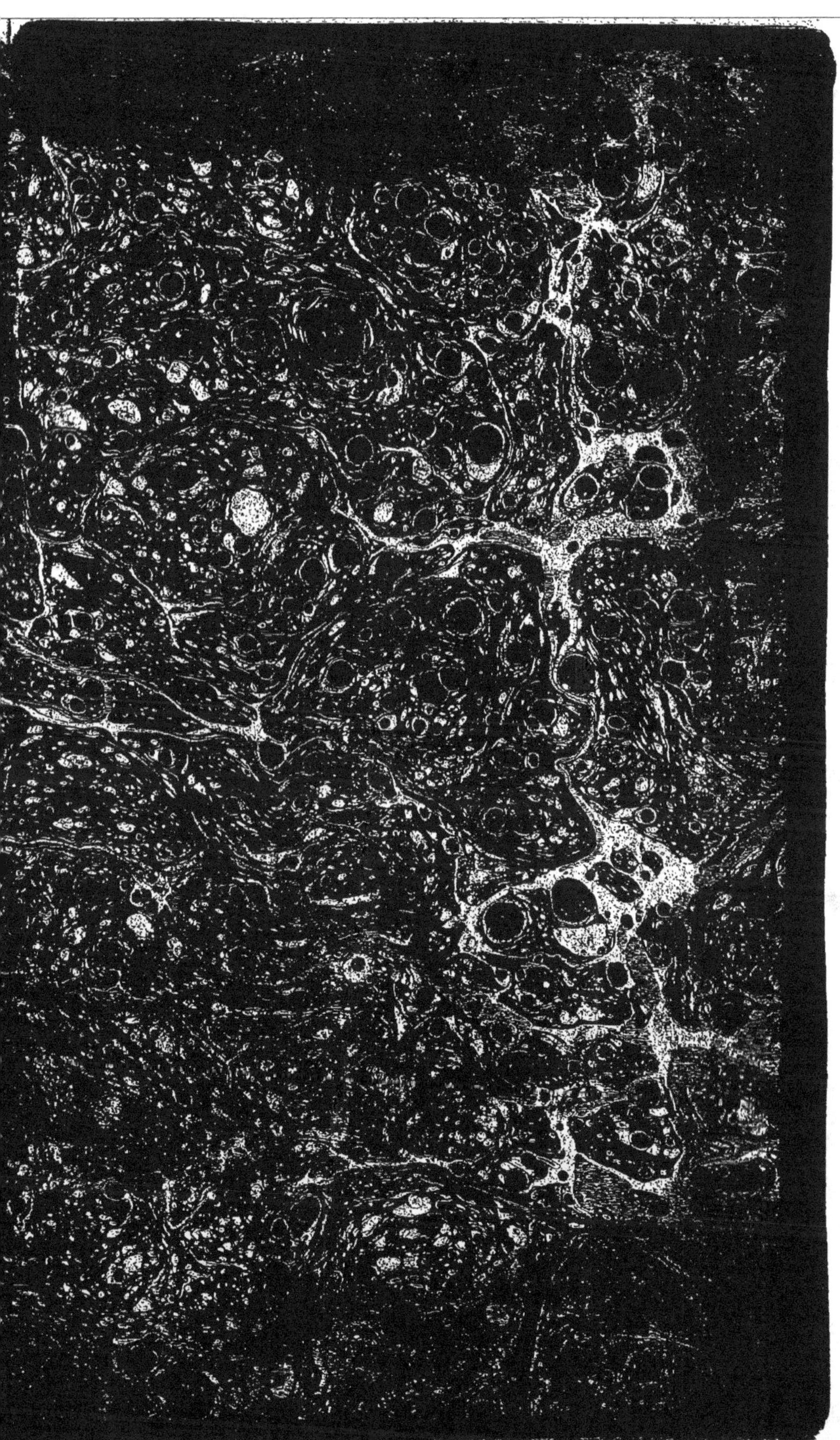

16° Lh e
194

www.ingramcontent.com/pod-product-compliance
Lightning Source LLC
Chambersburg PA
CBHW050458270326
41927CB00009B/1812
* 9 7 8 2 0 1 1 3 3 1 3 3 5 *